赣江航电枢纽工程航运经济效益后评价研究

曹裕霖　聂头龙　白桦　程强　张扬　著

中国水利水电出版社
www.waterpub.com.cn
·北京·

内 容 提 要

本书介绍了国内外有关水运和发电的研究现状，从流域、气象、水文、水运和水能概况等方面介绍赣江航电枢纽概况；考虑河道曲率评价峡江—新干航段航运能力，提出内河航道等级智能识别方法和基于人工智能算法研究内河航道分布规律；构建发电、航运效益协同分布函数，并进行参数率定，研究不同水文情势下发电和航运能力协同分布规律；提出基于混合整数规划的水利枢纽船闸调度方法，设置情景模拟；评价混合整数规划在梯级水电中长期优化调度中的适用性，优化POA算法并用于赣江梯级水电中长期优化调度。

本书可为港口航运、水电调度领域研究人员提供一定的参考价值。

图书在版编目（CIP）数据

赣江航电枢纽工程航运经济效益后评价研究 / 曹裕霖等著. -- 北京 : 中国水利水电出版社, 2024. 6.
ISBN 978-7-5226-2563-8

Ⅰ. F552.7

中国国家版本馆CIP数据核字第2024A1B832号

书　　名	**赣江航电枢纽工程航运经济效益后评价研究** GAN JIANG HANGDIAN SHUNIU GONGCHENG HANGYUN JINGJI XIAOYI HOUPINGJIA YANJIU
作　　者	曹裕霖　聂头龙　白　桦　程　强　张　扬　著
出版发行	中国水利水电出版社 （北京市海淀区玉渊潭南路1号D座　100038） 网址：www.waterpub.com.cn E-mail：sales@mwr.gov.cn 电话：(010) 68545888（营销中心）
经　　售	北京科水图书销售有限公司 电话：(010) 68545874、63202643 全国各地新华书店和相关出版物销售网点
排　　版	中国水利水电出版社微机排版中心
印　　刷	天津嘉恒印务有限公司
规　　格	170mm×240mm　16开本　9.25印张　181千字
版　　次	2024年6月第1版　2024年6月第1次印刷
定　　价	**48.00**元

前言

浙赣粤运河是沟通长江和珠江水系的重大水网工程。运河建设过程中需要依靠流域水工程实现上下游、左右岸的水位、发电和航运的衔接。科学调度管理水工程，规划航运、发电等主要兴利功能，是保障流域水库群经济运行的重要手段。其关键技术问题是厘清船闸-电站-航电枢纽调度的经济学规律，掌握短期、中长期不同时间尺度下水工程调度的算法和工具，积累航电枢纽经济调度的历史经验，保障浙赣粤运河健康、经济、可持续发展。长期的观测中发现，航运、发电经济效益与调度具有强烈的相关性，调度效益函数呈现高阶、非线性的模型结构。梳理经济效益的指标和主要驱动动力因子，摸清驱动机理是航电枢纽经济调度的主要理论问题。本书是江西省航运调度专题的系列丛书，重点解决航运经济评价的关键理论和技术问题。

本书以赣江流域航电枢纽调度运行背景下的航运经济为研究对象，系统介绍万安航电水利枢纽、井冈山航电枢纽、石虎塘航电枢纽、峡江水利枢纽、新干（永泰）航电水利枢纽等枢纽基本情况、气象水文、航运发电概况。借助赣江峡江—新干段分布式水动力模型，开展逐日水文水动力模拟；耦合概率分布和机器学习算法，提出了考虑河宽、水深和弯曲半径的航道等级智能识别算法，评价航道等级和能力。运用 Copula 函数构建研究河段的航运和发电能力的协同分布函数，寻找在该河段航运和发电效益之间的平衡点。对广义的船闸调度问题进行探讨，借助 Python、Cplex、XML 等软件，利用混合整数规划对船闸中闸室分配调度的问题进行探究。开展赣江流域梯级水电的中长期优化调度实验，验证现行多种调度算法的精度、运行时间、占用内存。建立以发电量最大为最优准则的梯级水电站中长期联合优化调度的模型，采用逐步优化算法，对梯级水电站联合运行的复杂模型进行求解。解析梯级联合调度的运行结果，对优化调度方案的计算结果进行了效益评价。具体章节安排如下：第1章，绪论；第2章，赣江航电枢纽概况；第3章，考虑河道曲率的航运能力评价；第4章，发电、航运效益协同分布规律；第5章，基于混合整数规划的水利枢纽船闸调度；第6章，混合整数规划在梯级水电中长期优化调度中的适用性；第7章，赣江梯级水电中长期优化调度。其中第1～5章由曹裕霖编写，第6章由聂头龙编写，第7章为其余作者共同完成。

本书受江西省港航建设投资集团有限公司科技项目“赣江水资源综合利用与水运经济耦合关系的研究（项目编号：2023－YJY－RD02）”和江西省重点研发计划项目“变化环境下鄱阳湖流域降水径流、洪水干旱灾害变化及其对策研究”（编号：20212BBG71014）联合资助。全书不足之处敬请各位读者批评指正。

作者

2024年4月

目录

前言

第1章 绪论 …… 1
1.1 背景和意义 …… 1
1.2 国内外研究进展与现状 …… 1
1.2.1 河段水文情势变化规律 …… 1
1.2.2 河流水文水动力过程模拟 …… 2
1.2.3 航运能力评估 …… 3
1.2.4 水库发电和航运效益评价 …… 4
1.2.5 水库发电和航运效益协同分布 …… 5
参考文献 …… 6

第2章 赣江航电枢纽概况 …… 10
2.1 流域基本情况 …… 10
2.1.1 流域特点及流域资源 …… 10
2.1.2 现有主要梯级水利工程 …… 11
2.1.3 流域水土保持 …… 14
2.2 气象 …… 14
2.2.1 气候特征 …… 14
2.2.2 气象特征 …… 14
2.3 水文 …… 16
2.3.1 观测站基本情况 …… 16
2.3.2 径流（以新干水利枢纽为例） …… 19
2.3.3 洪水（以新干水利枢纽为例） …… 28
2.3.4 泥沙（以新干水利枢纽为例） …… 39
2.4 水运概况 …… 43
2.4.1 航运现状 …… 43
2.4.2 运量预测（以井冈山航电枢纽为例） …… 47
2.4.3 航运规划（以井冈山航电枢纽为例） …… 54

2.5 水能概况 …… 59
2.5.1 电力发展概况 …… 59
2.5.2 电网规划 …… 63
2.5.3 负荷预测 …… 65
第3章 考虑河道曲率的航运能力评价 …… 68
3.1 内河航道等级智能识别方法 …… 68
3.1.1 内河航道分级方法 …… 68
3.1.2 内河航道研究区选取 …… 69
3.1.3 内河航道智能分级方法 …… 69
3.2 基于人工智能算法研究内河航道分布规律 …… 71
3.2.1 河段分布式水动力模型构建 …… 71
3.2.2 河段航道等级评价人工智能算法优选 …… 71
3.2.3 研究河段航道等级时空分布规律 …… 74
3.3 评价结果 …… 76
3.4 本章小结 …… 76
参考文献 …… 76
第4章 发电、航运效益协同分布规律 …… 79
4.1 发电、航运效益协同分布函数构建方法 …… 79
4.1.1 发电和航运效益的量化方法 …… 79
4.1.2 发电和航运效益的边缘分布函数构建方法 …… 79
4.1.3 发电和航运效益的协同分布函数构建方法 …… 79
4.2 发电出力和航运效益边缘分布函数筛选及参数率定 …… 79
4.2.1 发电出力的量化 …… 79
4.2.2 航运效益的量化 …… 80
4.2.3 发电出力边缘分布函数类型筛选与参数率定 …… 83
4.2.4 航运效益边缘分布函数类型筛选与参数率定 …… 83
4.3 发电、航运效益联合概率分布函数优选与参数率定 …… 84
4.3.1 Copula函数构建的可行性检验 …… 84
4.3.2 Copula函数的优选与参数率定 …… 84
4.4 不同水文情势下发电和航运能力协同分布规律研究 …… 85
4.4.1 设计频率的选择 …… 85
4.4.2 发电和航运综合效益分析情景模拟 …… 85
4.4.3 发电和航运综合效益分析情景评价 …… 86
4.5 本章小结 …… 86

第5章　基于混合整数规划的水利枢纽船闸调度 …… 87
5.1　调度方法 …… 87
5.1.1　水利枢纽船闸分类及运行原理 …… 87
5.1.2　混合整数规划模型构建准则 …… 89
5.1.3　目标函数和约束条件构建方法 …… 91
5.2　调度情景 …… 96
5.2.1　情景建立及模型运行 …… 96
5.2.2　小型闸室调度情景结果分析 …… 103
5.2.3　大型闸室调度情景结果分析 …… 105
5.3　调度模型评价 …… 106
5.4　本章小结 …… 106
参考文献 …… 106
第6章　混合整数规划在梯级水电中长期优化调度中的适用性 …… 108
6.1　混合整数规划 …… 108
6.1.1　方法概述 …… 108
6.1.2　混合整数规划的应用 …… 110
6.2　梯级水电中长期优化调度模型 …… 111
6.2.1　概述 …… 111
6.2.2　模型构建 …… 111
6.3　水电出力关系的近似方法 …… 113
6.3.1　概述 …… 113
6.3.2　水电出力关系的四种近似方法 …… 113
6.3.3　近似误差的修正 …… 119
6.3.4　精度和复杂度分析 …… 119
6.4　赣江梯级水电中长期优化调度应用案例 …… 120
6.4.1　概述 …… 120
6.4.2　模型构建 …… 121
6.4.3　结果分析 …… 121
6.5　本章小结 …… 127
参考文献 …… 127
第7章　赣江梯级水电中长期优化调度 …… 129
7.1　逐步优化（POA）算法和求解步骤 …… 129
7.1.1　逐步优化算法 …… 129
7.1.2　调度模型求解 …… 131

7.2 优化调度方案 …… 132
7.2.1 联合优化调度 …… 132
7.2.2 优化调度结果分析 …… 135
7.3 本章小结 …… 138

第1章

绪　论

1.1 背景和意义

党的十八大以来，江西水运发展提速，赣江自上而下规划的万安、井冈山、石虎塘、峡江、新干、龙头山6个梯级枢纽建成。赣江航道在降低企业物流成本、服务赣江沿线腹地经济发展方面发挥着重要作用。但由于运营主体间行业现实需求的差异，各航电水利枢纽在发电、航运、防洪、供水、灌溉、渔业、旅游等目标间存在系统矛盾，水资源开发利用出现不平衡、不协调现象，亟待法律制度、管理措施和技术的完善与创新。本书锚定航运经济系统目标，参考相关法律和政策，探索建立省级层面赣江流域水资源管理机构，加强对水资源的监测和调控；秉持赣江航运经济系统动力学观点，开展面向航运、发电、生态多目标的枢纽最优化调度策略及经济边界效益后评价，旨在发展系统经济学理论和手段，完善赣江水资源管理技术体系。

1.2 国内外研究进展与现状

1.2.1 河段水文情势变化规律

水文情势研究是探讨河流水文情势变化规律及其生态影响的重要领域。近年来，随着人类活动的不断增加和气候变化的影响，河流水文状态发生了较大的变化，对河流生态产生了深远的影响。国内学者针对水文状态变化进行了广泛的研究，取得了一系列重要成果。王真等[1]以赣江流域作为研究对象，运用采用Mann-Kendall检验以及相关分析等，结合HYPE（Hydrological Predictions for the Environment）水文模拟和PEST（Parametors ESTimation）自动率定技术对参数敏感性指数、径流量及降雨量等进行水文过程及其时空变异的研究；肖静等[2]对万泉河流域3个站点日均流量资料，采用Mann-Kendall检验法、滑动t检验分析3个测站年均流量趋势、突变情况，并采用主成分分析（PCA法）、变动范围分析（RVA法）分析3个测站水文情势变化，结果表明3个测站年均流量均呈下降趋势但不显著；蒋永生等[3] 基于高邮湖1990—2020年6个水文站逐日水位数据，采用灰色关联分析、累积距平等方法，阐述各个水文站的水情异同和高邮湖水位年内、年际变化规律，构建累积水位变化与降水、蒸发量等因素之间的内在关系，揭示了高邮湖水位不同阶段变化的主要驱动因素，为高邮湖水资源管理与利用提供数据参考；乔时雨等[4] 面向赣江流域水文情势演变特征及其主要驱动因素，根据赣江外洲站1953—2020年实测流量和水位资料，采用滑动平均法、Kendall秩次相关检验、Spearman秩次相关检验、累积距平检验、Mann－Kendall检验、滑动秩和检验、Pettitt检验和有序聚类检验法分析该站流量和水位的变化特征，借助随机森林模型和残差分析法定量评估人类活动和气候变化对流量及水位变化的影响；范俊健[5] 对黄河流域干、支流主要水文站的1950—2019年水沙序列，采用Mann－Kendall趋势检验、Pettitt突变检验等数理统计方法分析径流输沙的阶段、趋势和突变特征；采用IHA－RVA法分析受人类活动干扰前后不同区域水文站日尺度水文情势变化，并评估水文情势的改变程度；王进[6] 利用水文变异指数（IHA）和变化范围（RVA）分析了北江中游横石飞来峡水文站1954—2022年的水文情势变化，并重点分析了飞来峡水库调度对北江低枯水的影响；陆海明等[7] 分析了固城湖2014—2020年水文情势和湖泊水质变化特征，探讨了水文情势对固城湖水质变化的影响；孙浩岩等[8] 为完善九龙江流域应对极端水文事件和旱涝急转的调度预案，根据九龙江流域历史观测资料，利用短周期降雨旱涝急转指数SDFAI与标准差法对九龙江流域旱涝急转的历史典型年进行识别并分析；张强华[9] 基于泾河流域甘肃段杨家坪、雨落坪两处水文站1980—2020年的径流量，以及区域内降水、水面蒸发和气温等资料，以泾河干流和马莲河为对比区域，借助传统水文分析计算、多元回归方程模型等方法分析了气候变化条件下泾河流域甘肃段的水文情势演变；朱万妮[10] 以某水利枢纽的A潮位站为对象，借助非参数检验值与累积距平法等研究方法，通过对A潮位站多年记录的潮位、潮历时的数据进行分析比对，研究其水文情势与该水利枢纽之间的关系。

综上，可通过对研究收集河段水文、地理信息并构建基础信息数据库，采用地统计理论、时间序列分析方法、机器学习算法等，对河段不同时期水文情势规律（主汛期，后汛期，枯水期）及多年水位变化规律进行分析获取了系统的水情经验。

1.2.2 河流水文水动力过程模拟

MIKE模型是丹麦水资源及水环境研究所（Danish hydraulic institute，DHI）研发的水工程模拟应用软件，用于模拟计算水相关实例问题。MIKE模型被广泛应用于洪水风险分析、水量调度设计以及生态影响评价等方面。张林[11]利用MIKE11模型软件建立了研究河段洪水演进模型，借助河道整治经验、河道洪水防治相关资料，根据河道实际去评价河道抗洪能力；苏晓天[12]以MIKE FLOOD为平台，研究不同的降雨情景下区域的水文状态和洪涝风险；在水环境方面，田凯达等[13]利用MIKE11构建合肥市十五里河水动力及水质模型，评价了该河道水质改善效果；张斯思[14]利用MIKE11研究涡河污染物变化规律，并对点源截污、污水处理厂升级改造等方案进行了预测；刘淑娥[15]以靖安北河河道洪水整治工程为研究样本，基于MIKE模型开展水动力学模拟，为精确评估河流的防洪能力提供了有力的科学支撑，为河流综合治理工程的决策提供了宝贵的借鉴和依据。以上均为MIKE模型的应用，然而MIKE21模型具有网格加密、动态三维可视化结果、精度高等优点，与本书的研究需要高度适配，因此本书研究采取MIKE21模型。在平坦地区MIKE11可以进行地形简单的河道洪水影响分析，而河道之外的河漫滩地区水流运动较为复杂，可采用二维水动力模型MIKE21模拟洪水过程[16]。郭凤清等[17]以滃江蓄滞洪区为研究对象利用MIKE21模型对其进行了洪水演算，并且对模型进行的参数率定和验证，模拟了研究区域在遭受不同设计频率洪水影响下的状态，并计算出较为准确的结果，评价了该区域的洪水防治能力；陈平等[18]利用MIKE21模型，成功构建了大陆泽及宁晋泊蓄滞洪区在洪水情势下水动力的数学模型，借助这一模型，模拟了在不同设计频率洪水影响下研究区域的洪水演进变化过程，为相关防洪决策提供了科学依据；和宛琳等[19]在考虑风潮的复合作用后，选择洪水与风暴潮相互影响下水文水动力的变化为研究对象，利用MIKE模型构建了万泉河河口地区的水文水动力模型，为防洪减灾提供了有力的技术支持；李春辉等[20]将MIKE21模型放到对河道与蓄洪区联合防洪数据模拟中，发现模型可以较精确地模拟洪水演进过程，通过分析洪水流量、淹没范围、水位、历时等洪水危险性因子，给洪水风险分析提供科学有效的技术支持。但是由于MIKE21模型对地形数据要求较高，数据来源不全面时模拟精度可能会受到影响。

综上所述，MIKE21模型能够构建较为科学合理的水文水动力模型，为之后峡江至新干河段断面航道等级的智能评定提供充足且精准的水文水动力过程数据资料。

1.2.3 航运能力评估

航道作为内河航运的核心基石，其等级划分对于航运业的可持续发展具有举足轻重的意义。陈英健等[21]针对长江航运问题，构建了多目标协同航运评价模型；潘荣友等[22]利用实测水文资料和模型试验成果，深入研究了长洲枢纽一、二线船闸通航能力的变化及其成因；郑玉馨等[23]在轴辐式网络单分配模型的基础上，考虑由航道等级差异造成的船舶转驳，建立最小化运输成本和转驳流量的双目标规划模型，并使用ε-约束算法进行优化求解，通过算例实验验证了模型的有效性；刘涛等[24] 对长江与世界内河航运发达水系的航道技术等级进行了详细比较，深入剖析了《内河通航标准》（GB 50139—2004）在实施过程中长江航运所面临的诸多问题；刘云[25] 则对轴辐式航运网络的概念进行了阐述，深入探讨了其形成机制，并在考虑航道等级差异的基础上，研究了轴辐式航运网络的优化设计模型，探索了航道等级差异对轴辐式航运网络优化的影响；卢迪翔等[26] 在总结相关统计数据与学者研究成果的基础上结合以往航道拓展提升实例，提出低等级航道拓展开发现实主要路径为货运通航与旅游通航；吕霞等[27] 以北江高等级航道为例，分析了跨河桥梁水域通航安全风险隐患，提出防范船舶碰撞桥梁必须综合施策，以确保桥区水域航行安全；胡叶军等[28] 为解决穿越城市功能区航道功能及等级与城市功能区开发之间的矛盾，分析两者之间的矛盾点，对穿城航道功能及等级提出优化方案，其成果也可为未来航道规划、航道等级调整提供依据；杨靓等[29] 为贯彻落实《中华人民共和国航道法》和《交通强国建设纲要》等综合交通顶层设计，介绍近年来的内河水运发展，结合航道规划调查和研究工作，分析我国内河航道发展现状和第一次全国内河航道定级工作成绩，总结开展新一轮航道发展规划技术等级评定；解中柱[30] 为实现重庆境内更大范围Ⅲ级航道目标，介绍航道基础设施建设时代背景和重庆高等级航道通达现状，从河流自身特性和已有综合流域规划分析提高重庆高等级航道通达程度的可能性。

1.2.4 水库发电和航运效益评价

水库效益的研究一般是研究单目标的问题，然而在实际当中，效益往往与发电、航运、供水等密切相关。本书主要针对于发电与供水两个角度进行考虑。

对于发电效益。曾昱[31] 提出发电量频率曲线，根据实时预报来水查图得到对应频率下效益分配后的各水库发电量，为在实际生产中快速评估各水库发电效益分配情况提供一种便捷方法。雷苏琪等[32] 根据井冈山水库蓄水后长系列径流调节，在原有旬平均发电过程的基础上选择发电影响较大的典型旬进行日尺度发电优化调度。干小川等[33] 从上下游水位对发电效益的影响、上游来流量对发电效益的影响、机组流态对发电效益的影响、机组自身对发电效益的影响的角度，进行了有关发电效益的多维影响因素的讨论。

在航运行业中，效益评估通常依赖于经济分析手段，尤其是成本效益分析。这种方法通过比较项目产生的费用与所带来的益处来衡量项目的整体价值。邱忠恩[34] 提出计算航运效益时需从多个维度出发，具体包括选择合适的替代方案、确定方案的规模、规划建设的时间表以及明确费用计算的范畴。此外，航运效益的计算可以基于预期的效益提升和节省的航运成本来进行。航运效益涉及航道、船舶和港口三大核心要素，三者的效益相互关联，应综合考量。航运效益主要体现在两个方面：一是提升航道的通航能力，二是通过降低航运成本和减少航道维护费用来实现经济效益的提升。周华君等[35] 针对以防洪和护岸为核心的重庆市沿江综合整治工程，进行了深入的定性效益评估。陈书存[36] 从企业的视角出发，构建航运公司的业绩评价体系，体系指标主要由船舶运营性能、船舶管理效率、安全生产标准及财务健康状况等几大类指标构成。考虑到航运业务的社会影响和其运作的复杂性，单靠经济绩效评估并不能全面揭示航运业务的实际成效。因此，除了进行传统的经济效益分析，航运企业还应采用包含多个评价维度的综合方法来衡量自身的整体效益。徐冽[37] 构建了一个由技术评估、经济效益分析、环境后果考量和社会效应考察所构成的基础评价体系层级，并且在此体系中融入了灰色模糊评价法，以便对水运基础设施建设项目进行更为综合和精准的评价。徐念榕等[38] 利用 Cobb－Douglas 生产函数分析了诱导运输量的效益计算，这种方法不仅避免了直接测量诱导运输量的困难，而且还考虑了运输项目的地区性影响。邢国江[39] 提出了一种计算诱发运量效益的方法，即根据项目存在与否导致的成本节约额的一半来衡量诱发的运量。具体来说，该方法通过取项目实施前后成本节约额的一半来估算诱发的运量效益。Shang 等[40] 通过一维非恒定流水动力模型对小南海水电站日常运行时的水位波动进行了仿真，并据此评估了该水电站对下游航道的通航条件，进而发展出一套适用于中小型水电站下游河道通航能力评估的实用方法。虽然一维模型适合分析水位变动对通航影响的问题，但它不能充分捕捉河道内的复杂水流现象。为此，一些研究者转而使用二维或三维水动力模型来模拟河道内部的水位、流量和流速等水力学参数，并进一步研究了水库运行与航道通航之间的相互作用。姚仕明[41] 利用二维及三维水动力模拟技术，对大坝上下游河段的水位和流速分布状况进行了精确模拟，这些模拟结果为深入了解河流水流特性和提升河道通航性能提供了重要的数据基础。李肖男等[42] 通过运用三维水动力学模型，模拟了金沙江水库区域内的水流行为，详细考察了水深、流速以及平面流场等关键水力参数，同时对弯道环流结构进行了深入研究。在此基础上，分析了不同出流条件对河流通航状况的影响，所得研究成果对于金沙江梯级水电站群的联合优化调度策略制定具有重要的参考价值。

综上所述，我国的发电效益评价较为成熟，且常适用于多目标发电效益的评价。我国的航运效益评价研究主要是在水利工程方面。一般的水利工程项目以防洪、发电、灌溉、供水效益为主，航运效益为辅（或不是很显著），内河航电枢纽航运效益的计算和后评价方面的研究很少，实证分析更是缺乏。

1.2.5 水库发电和航运效益协同分布

关于水库优化调度的研究兴起于始于 20 世纪 50 年代。Bellman[43] 于 1953 年提出了动态规划方法。自此，水库优化调度成为了未来水库管理中不可或缺的关键手段，同时也成为运筹学研究中的一个重要分支。随着流域内众多大型水利枢纽工程的相继完工，这一研究领域经历了迅猛的增长。全球范围内的研究人员在这一领域不断探索和创新，积累了大量的研究成果，推动了水库优化调度技术的进步和应用。而在实际当中，调度问题总是关乎多个水库，为了解决多库联合优化问题，Heidari 等[44] 于 1971 年提出了离散微分动态规划（DDDP）方法，这一创新显著增强了动态规划在解决水库运营问题时的运算速度与效能。Howson 等[45] 于 1975 年发展了迭代优化技术（POA），并通过实证研究证实了其在处理多阶段决策难题上的高效性能。张勇传等[46] 融合了流量预测与水库管理策略，为水库的运行规划贡献了实用的策略，并在实际应用中实现了显著的经济收益。陈森林等[47-48] 基于大系统的分解协调方法，构建了水电站短期的优化调度模型，这极大地增强了福建省闽江流域水电站群的发电效益。程春田等[49] 用粒子群优化算法解决了水库厂内的经济运行问题，有效提升了乌江渡水电站的调度能力。

上述为关于水库优化调度，而关于水库发电和航运效益协同分布研究较少。Copula 函数是一种将多变量的边缘分布同其联合分布联系在一起的链接函数，反映了多元变量之间的动态联动关系。吴绍飞等[50] 深入探讨了淮河流域防治污染体系中的非工程措施，尤其聚焦于水质与水量联合调度在防污标准设定上的作用。通过对比分析提出的几种策略，他指出，随着可用水量的增加，提升水质指标的防污标准带来的效益逐渐减少；并且，在相同的水流量条件下，不同的调度策略对于降低不同水质指标超标的风险有着不同的效果。曹思佳等[51] 以鄱阳湖洪泛区的湿地为研究焦点，运用 Copula 函数分析了 2022 年极端干旱事件对地下水文情势的影响。尽管如此，目前使用 Copula 函数将发电效益与航运效益结合起来研究的实例还相对较少。

综上所述，航运和发电效益的研究都在不断发展和演进，Copula 用于构建发电效益与航运效益的协同分布函数有巨大的潜力，这可以大大促进可持续发展和资源优化利用。

参 考 文 献

[1] 王真，姜三元，张奇，等. 赣江流域水文情势时空差异性及变化分析 [J]. 人民长江，2024，55 (3)：105-116.

[2] 肖静，张书齐. 基于 PCA 法和 RVA 法的万泉河流域水文情势分析 [J]. 人民珠江，2023，44 (S2)：399-406.

[3] 蒋永生，陆小明，赵林林，等. 1990—2020 年高邮湖水文情势变化特征分析 [J]. 江苏水利，2023 (12)：14-19.

[4] 乔时雨，李国芳，李国文，等. 变化环境下赣江流域水文情势演变及归因分析 [J].

人民长江，2024，55（5）：99－106.
［5］范俊健. 黄河流域水文情势变化及其驱动因素［D］. 北京：中国科学院大学（中国科学院教育部水土保持与生态环境研究中心），2023.
［6］王进. 北江中游水库调度对水文情势的影响分析［J］. 水电与新能源，2024，38（1）：7－11.
［7］陆海明，陆晓平，王凯，等. 固城湖 2014—2020 年水文情势和水质变化特征研究［J］. 水利水运工程学报，2023（6）：75－83.
［8］孙浩岩，王立辉，唐萍，等. 福建九龙江流域历史旱涝急转的识别与情势分析［J］. 人民珠江，2023，44（10）：78－86.
［9］张强华. 气候变化条件下泾河流域甘肃段近 41 年水文情势演变分析［J］. 甘肃水利水电技术，2023，59（4）：1－4，10.
［10］朱万妮. 水利枢纽对下游河道水文情势影响研究［J］. 水利科技与经济，2022，28（11）：95－99.
［11］张林. 基于 MIKE11 模型的河道防洪能力评价研究［J］. 黑龙江水利科技，2019，12（47）：70－72.
［12］苏晓天. 基于 MIKE FLOOD 的华北典型县域主城区内涝模拟研究［D］. 邯郸：河北工程大学，2023.
［13］田凯达，刘晓薇，王慧，等. MIKE11 模型在合肥市十五里河水质改善研究中的应用［J］. 水文，2019，39（4）：18－23.
［14］张斯思. 基于 MIKE11 水质模型的水环境容量计算研究：以涡河为例［D］. 合肥：合肥工业大学，2023.
［15］刘淑娥. 基于 MIKE11 模型的靖安北河河道防洪能力评价［J］. 水利科技与经济，2020，26（9）：4.
［16］尚建杰，杨光. MIKE 模型在国内洪水模拟中的应用研究进展［J］. 四川环境，2023（6）：267－273.
［17］郭凤清，屈寒飞，曾辉，等. 基于 MIKE21 的潖江蓄滞洪区洪水危险性快速预测［J］. 自然灾害学报，2013（3）：144－152.
［18］陈平，傅长锋，于京要，等. 基于 MIKE21 数值模拟蓄滞洪区洪水演进研究［J］. 中国农村水利水电，2017（8），113－116，120.
［19］和宛琳，王振. 基于 MIKE21 模型的河口地区洪水风险分析［J］. 水利技术监督，138－141.
［20］李春辉，徐国宾，苑希民，等. 河道与蓄滞洪区联合防洪数值模拟研究进展［J］. 水资源与水工程学报，139－144.
［21］陈英健，马方凯，尹靓，等. 长江中游多目标协同航运优化研究［J］. 人民长江，2022，53（2）：1－6.
［22］潘荣友，胡颖，王勇，等. 长洲枢纽一、二线船闸通过能力变化及航运潜能释放［J］. 水运工程，2022（12）：140－145，151.
［23］郑玉馨，胡志华，田曦丹. 航道等级差异影响下轴辐式航运网络优化［J］. 中国航海，2021（4）：44.
［24］刘涛，罗胜平. 基于内河航道等级比较的长江航运发展分析［J］. 水利水运工程学报，2012（5）：72－77.

[25] 刘云. 航道等级差异影响下轴辐式航运网络优化 [J]. 中国航务周刊，2023 (26)：44-46.
[26] 卢迪翔，魏庆，卢虹李. 低等级航道拓展开发路径分析 [J]. 中国水运，2023 (9)：88-90.
[27] 吕霞，邓烨. 北江高等级航道防范船舶碰撞桥梁对策分析 [J]. 珠江水运，2022 (1)：78-80.
[28] 胡叶军，吕义港，刘旭. 内河航道功能优化分析：以浙江地区为例 [J]. 珠江水运，2021 (15)：3-4.
[29] 杨靓，袁其军，李歌清，等. 内河航道发展规划技术等级评定 [J]. 水运管理，2021，43 (5)：23-25.
[30] 解中柱. 从通达程度探讨重庆高等级航道发展 [J]. 水运管理，2021，43 (5)：31-33，36.
[31] 曾昱. 金沙江下游—三峡梯级水库群中长期发电调度及其效益分配研究 [D]. 武汉：华中科技大学，2020.
[32] 雷苏琪，侯进进，蔡淑兵，等. 下游蓄水对水电站发电影响分析及优化调度策略 [J]. 人民长江，2023，54 (11)：195-201.
[33] 干小川，岳彬彬，冯良队. 桑墟水电站发电效益分析研究 [J]. 治淮，2018 (11)：63-64.
[34] 邱忠恩. 水利工程的航运效益及其计算方法 [J]. 人民长江，1996，27 (9)：29-31.
[35] 周华君，王绍成，兰波. 重庆市沿江综合整治工程防洪和航运效益分析 [J]. 水运工程，1999，310 (11)：36-39.
[36] 陈书存. 浅议航运企业业绩评价指标体系 [J]. 财经界，2007，36 (3)：146-147.
[37] 徐洌. 水运基础设施建设项目后评价方法探讨 [D]. 南京：河海大学，2006.
[38] 徐念榕，李开运. 交通项目诱发运量效益计算的探讨 [J]. 管理工程学报，1992，6 (2)：10-16.
[39] 邢国江. 关于三峡工程航运效益计算方法的探讨 [J]. 水运工程，1988，18 (3)：17-21.
[40] Shang Y，Li X，Gao X，et al. Influence of daily regulation of a reservoir on downstream Navigation [J]. Journal of Hydrologic Engineering，2017，22 (8)：05017010.
[41] 姚仕明. 三峡葛洲坝通航水流数值模拟及航运调度系统研究 [D]. 北京：清华大学，2006.
[42] 李肖男，李安强，钟德钰，等. 金沙江干流山区水库通航流态三维数值模拟研究 [J]. 人民长江，2018，4 (9)：38-43.
[43] Bellman R. On the theory of dynamic programming. [J]. Proceedings of the National Academy of Sciences of the United States of America，1952，38 (8)：716-719.
[44] Heidari M，Chow V T，Kokotović P V，et al. Discrete differential dynamic programing approach to Water Resources Systems Optimization [J]. Water Resources Research，1971，7 (2)：273-282.
[45] Howson H R，Sancho N G F. A new algorithm for the solution of multi-state dynamic programming problems [J]. Mathematical Programming，1975，8 (1)：104-116.
[46] 张勇传，李福生，杜裕福，等. 水电站水库调度最优化 [J]. 华中工学院学报，1981 (6)：49-56.
[47] 陈森林，万俊，刘子龙，等. 水电系统短期优化调度的一般性准则 (1)：基本概念与

数学模型［J］. 武汉水利电力大学学报，1999（3）：35－38.
［48］ 陈森林，万俊，刘子龙，等. 水电系统短期优化调度的一般性准则（2）：优化模型求解方法及实例应用［J］. 武汉水利电力大学学报，1999（3）：39－43.
［49］ 程春田，唐子田，李刚，等. 动态规划和粒子群算法在水电站厂内经济运行中的应用比较研究［J］. 水力发电学报，2008（6）：27－31.
［50］ 吴绍飞，张翔，邓志民. 基于Copula函数的流域防污标准研究［J］. 中国农村水利水电，2013（3）：58－61.
［51］ 曹思佳，李云良，陈静，等. 2022年鄱阳湖极端干旱对洪泛区地下水文情势的影响［J］. 中国环境科学，2023，43（12）：6601－6610.

第2章

赣江航电枢纽概况

2.1 流域基本情况

2.1.1 流域特点及流域资源

1. 流域特点

赣江是长江流域鄱阳湖水系的第一大河流，位于长江中下游南岸。流域东部与抚河分界，东南部以武夷山脉与福建省分界，南部连广东省，西部接湖南省，西北部与修河支流潦河分界，北部通鄱阳湖在湖口连长江。流域东西窄、南北长，略似斜长方形。赣江自河源至吴城全长780km。万安以上为上游，长350km，河宽200～600m，穿越山地和丘陵，地势较高，河床质多粗砂和卵砾石，部分河段为礁石，枯水期平均比降0.32‰，属山区性河流；万安至樟树为中游，长263km，河宽一般600～900m，跨越吉泰盆地，两岸台地丘陵相间，沿河两岸多为砂壤土组成的台地，长期受水流冲刷，岸线崩塌河床拓宽，枯水河面宽浅，枯水期平均比降0.16‰；下游樟树至吴城，长167km，流经冲积平原，地势较低，两岸筑有圩堤，属平原河流，河床质多中、粗砂，枯水期平均比降0.07‰，河宽1000余米。吴城至湖口属鄱阳湖区，长81km，枯水期平均比降0.047‰，吴城以下20km的褚溪河口是鄱阳湖五河来水的总汇口。赣江流域控制站外洲水文站以上流域面积80948km^2。赣江流域内山地约占50%、丘陵约占30%、平原约占20%。赣江流域水系发达，支流众多，上游呈典型的辐射状水系，集水面积大于100km^{2}的支流有231条，集水面积大于3000km^{2}的支流有14条。赣江干流纵坡平缓，流域内盆地发育，人口和耕地较多。流域水资源丰富，年降水量1300～1800mm，但降水、径流在年内和年际间分配很不均匀，洪枯流量变化大。

赣江流域上游与各主要支流之间多山，山间与河侧盆地发育，流域北有九岭山，南有大庾岭、九连山，东有广昌、乐安、南丰山地，西有罗霄山脉、诸广山；东南有武夷山。流域边缘及南部多为山地，高程为海拔400m左右，主峰在1000m以上；中部为丘陵与盆地相间，较大的盆地有吉泰盆地；北部以冲积平原为主，为赣抚平原。

2. 流域资源

赣江流域自然资源丰富，为农业生产提供了优越的自然条件。流域内外洲水文站以上土地总面积80948km^2，占全省总面积的48.5%，耕地面积占全省耕地面积的一半，居住人口也占全省人口的一半，流域内水力资源和矿产资源都较丰富。

赣江流域水能理论蕴藏量为3600MW，占全省水能理论蕴藏量的52.8%，可开发的500kW以上水电站313座，装机容量3437.5MW，占全省的67.3%，年发电量117.7亿kW·h，占全省的61.7%。其中赣江干流8座，装机容量2267MW，年发电量78.27亿kW·h。

赣江流域矿产资源丰富，在我省经济建设中处于极其重要的地位，其中钨、铀、钍等稀有金属和稀土矿产资源丰富，潜力很大，岩盐矿产储量巨大；煤炭、铅锌、建筑材料及其他非金属矿等有一定的储量。

2.1.2 现有主要梯级水利工程

1. 万安航电水利枢纽

万安水利枢纽位于赣江中游万安县城以上2km处，其坝址下距石虎塘坝址83km、离吉安井冈山大桥116km，控制集水面积36900km^2，多年平均流量953m^3/s。枢纽以发电为主，兼有防洪、航运、灌溉、养殖等综合效益。枢纽已于1993年按设计最终规模完建，其最终规模的水库特征水位为：正常蓄水位98.11m，死水位88.11m，发电尾水常水位67.66m，汛期限制水位88.11m，防洪高水位98.11m，设计洪水位98.81m，校核洪水位101.71m；水库总库容22.14亿m^3，防洪兴利库容10.19亿m^3，为不完全年调节水库；电站规模：水轮发电机组5台，单机过流能力556m^3/s，装机容量500MW，多年平均发电量15.16亿kW·h，保证出力60.4MW，设计水头22.0m。由于库区的淹没问题，目前水库按初期运用水位蓄水运行，其运行水位为：死水位83.11m，正常蓄水位94.11m，防洪限制水位83.11m，防洪高水位91.71m；防洪兴利库容7.98亿m^3；多年平均发电量11.5亿kW·h，保证出力47.0MW。

万安船闸为Ⅳ级船闸，闸室有效尺度为175m×14m×2.5m（长×宽×门槛水深），近、远期通过能力分别为128万t和205万t。

由长江委在1985年完成的《万安水利枢纽设计说明书》中规定万安水库调度方式：4—6月按防洪限制水位控制，即电站按天然来流量工作，入库来量大于电站最大过水能力时，多余水量由泄洪设备下泄；7月1日开始蓄水，电站按保证出力工作，但最早蓄满水库的期限是7月15日，若来量较大，应加大电站下泄量；水库蓄满后，若来水量大于调节流量，水库按天然来水下泄，以维持较高的电站工作水头；当来水小于调节流量时电站按保证出力工作，不足水量由水库供给，一直消落到死水位为止；当遭遇丰水年份，水库在2月末期仍保持较高水位，此水位不得高于迫降线，否则应尽量加大电站出力和通过泄流设备下泄；当遭遇特别枯水年份，水库库水位消落至死水位，来量仍不足以保证出力，电站按入库水量工作，以维持库水位不低于死水位。

2. 江西赣江井冈山航电枢纽（泰和枢纽）

井冈山航电枢纽是一座以航运为主，兼顾发电、防洪等综合效益的航电枢纽工程。地处赣江中游河段，江西省吉安市境内，坝址右岸位于万安县窑头镇，左岸位于万安县韶口乡与泰和县马市镇交界处。坝址上距万安县城约30.3km，下距泰和县城约19.3km，在万安水电站下游35.8km处，下游梯级为石虎塘航电枢纽。坝址集水面积40481km^2。

井冈山航电枢纽规模为大（2）型，主要建筑物按Ⅲ级建筑物设计，次要建筑物按Ⅳ级建筑物设计。枢纽挡、泄水建筑物设计洪水重现期为100年（$P=1\%$），校核洪水重现期为1000年（$P=0.1\%$），下游泄洪消能防冲建筑物设计洪水重现期为30年。右岸防护堤防洪标准为50年一遇（$P=2\%$），堤防工程的级别相应为Ⅱ级。

工程正常蓄水位为67.5m，总库容2.789亿m^3，航道通航标准为Ⅲ级，航道尺度为2.2m×60m×480m（水深×航宽×弯曲半径），设计代表船型为1000吨级货船和一顶2×1000吨级顶推船队，推荐建设一线Ⅲ级船闸并预留一线，船闸尺度为180.0m×23.0m×3.5m（长×宽×门槛水深），装机容量为133MW（6×22.167MW），多年平均发电量5.077亿kW·h，装机利用小时数3818h。

泰和枢纽坝址位于泰和县栖龙村附近，上距万安坝址42km，下距泰和县城公路桥约15km，控制集水面积40937km^2，多年平均流量1050m^3/s。据《江西赣江泰和水电站可行性研究报告》：水库正常蓄水位68.0m，与万安水电站尾水相衔接，发电尾水常水位56.9m，设计洪水位68.0m，校核洪水位70.35m；水库总库容5.50亿m^3，兴利库容0.12亿m^3，仅能进行日调节；电站采用水轮发电机组6台，单机过流能力402m^3/s，装机容量180MW，多年平均发电量6.52亿kW·h，保证出力34.4MW，设计水头8.7m。泰和水电站泄放的航运基流为135m^3/s。泰和船闸为Ⅲ级船闸，闸室有效尺度为180m×23m×3.5m（长×宽×门槛水深）。

3. 石虎塘航电枢纽

石虎塘航电枢纽为2012年建成运行工程，位于赣江中游泰和县石虎塘，是一座以航运为主，兼顾发电等综合利用的航电枢纽工程。该枢纽控制流域面积

43770km²，多年平均流量 1160m³/s；水库正常蓄水位 56.5m，设计洪水位 59.48m，校核洪水位 61.03m；正常蓄水位下水库库容 1.668 亿 m³；电站采用水轮发电机组 6 台，装机容量 120MW，多年平均年发电量 5.27 亿 kW·h，保证出力 23.97MW，设计水头 6.25m。

石虎塘船闸为Ⅲ级船闸，闸室有效尺度为 180m×23m×3.5m（长×宽×门槛水深），近、远期通过能力分别为 605 万 t 和 880 万 t。

4. 峡江水利枢纽工程

根据《江西省峡江水利枢纽工程初步设计报告》：水库正常蓄水位 46.0m，死水位 44.0m，防洪高水位 49.0m，设计洪水位 49.0m，校核洪水位 49.0m；水库总库容 11.87 亿 m³，防洪库容 6.0 亿 m³，兴利库容 2.14 亿 m³，为季调节水库；电站采用水轮发电机组 9 台，单机过流能力 524.8m³/s，装机容量 360MW，多年平均年发电量 11.44 亿 kW·h，保证出力 44.09MW，设计水头 8.6m。

峡江水利枢纽工程的运行调度分洪水调度和兴利调度两种运行方式。当坝址上游来水大于防洪与兴利运行分界流量（5000m³/s）时进入洪水调度运行方式，否则，进行兴利调度运行方式。

由于赣江中游两岸分布有较密集的村庄和大量的耕地，为了减少库区淹没，在赣江发生中等洪水时，需降低水位运行。当赣江发生大洪水时，峡江水库又需下闸拦蓄洪水，控制下泄流量为下游防洪。水库的调度运用规则为：当坝址流量小于等于 5000m³/s 时，水库在正常蓄水位至死水位之间运行，进行径流调节；当坝址流量大于 5000m³/s 且小于等于 14500m³/s 时，水库水位从 46.0m 逐级降低至 43.8m 运行，减少库区淹没；当坝址流量大于 14500m³/s 且小于等于 20000m³/s 时，泄洪闸门全部开启敞泄洪水；当坝址流量大于 20000m³/s 且库水位低于防洪高水位或达防洪高水位但坝址流量小于等于 200 年一遇洪峰流量时，水库下闸拦蓄洪水，控制下泄流量为下游防洪；当库水位达到防洪高水位、坝址流量大于 200 年一遇洪峰流量，且洪水继续上涨时，开启全部泄洪闸敞泄洪水，以保闸坝安全，但应控制其下泄流量小于本次洪水的洪峰流量。

5. 新干（永泰）航电枢纽（原永泰枢纽）

江西赣江新干航电枢纽工程地处赣江中下游，为峡江水利枢纽的下一梯级。坝址区域坐落在吉安市新干县，是一座以航运为主，兼有发电等综合效益的航电枢纽工程。推荐坝址集水面积 64949km²。新干航电枢纽工程规模为大（2）型。泄水闸、船闸挡水部分、厂房、左、右岸接头坝段按Ⅲ级建筑物设计，次要建筑物按Ⅳ级设计。枢纽永久性挡水和泄水建筑物按 50 年一遇洪水设计，按 300 年一遇洪水校核；厂房和船闸作为挡水建筑物的一部分，其设计和校核洪水标准与挡水建筑物相同；泄水建筑物下游消能及防护工程按 30 年一遇洪水设计。

2.1.3 流域水土保持

江西省是长江流域中下游地区水土流失严重的省份之一，现有水土流失面积352.21万hm^2，占全省土地面积的21.1%，占山地面积的35%。其中赣江流域水土流失面积165.72万hm^2，占流域总面积的21.3%。其中以流域上、中游各县水土流失较为严重。在水土流失中起主导作用的外营力为降雨，属水力侵蚀，其次冬季有冰冻引起的冻融侵蚀和滨湖地区沙山的风力侵蚀。其主要侵蚀类型有面蚀、沟蚀和崩岗侵蚀等。

2.2 气　　象

2.2.1 气候特征

赣江流域属亚热带湿润气候，东亚季风区，一年当中的气候特征是：春夏梅雨多，秋冬降雨少，春秋季较短，冬夏季较长，春寒夏热，秋凉冬冷，结冰期短，无霜期及日照时间长，相对湿度大，四季变化明显。赣江流域沿赣江干流主要气象站气象特征值见表2.2.1。

1. 气温

赣江流域多年平均气温在17.2～19.3℃之间，极端最高气温41.6℃（宜春站1953年8月16日），极端最低气温−14.3℃（丰城站1991年12月29日）。

2. 降水

赣江流域降水量充沛，流域内多年平均年降水量在1300～1800mm之间，各站实测多年平均年蒸发量为1294～1765mm。降水量年内分配极不均匀，据赣江流域各代表站统计，4—6月多年平均降水量占全年降雨的41%～51%。流域内总的降雨趋势是边缘山区大于盆地。

赣江流域暴雨频繁，根据流域内雨量站的历年实测暴雨统计，最大日暴雨量多出现在4—9月，5—6月以锋面雨的形式出现使大暴雨更集中，7—9月主要是受台风影响产生暴雨。

3. 风况

流域内多年平均风速为1.1～2.9m/s，最大风速30m/s（泰和站1977年4月24日），相应风向为西（W）风。

4. 相对湿度

流域多年平均相对湿度76%～82%，多年平均年日照小时数1628～1875h，多年平均年无霜期252～288d。

2.2.2 气象特征

赣江流域现有气象观测站43个，考虑流域的形状同时结合石虎塘航电枢纽

表 2.2.1　赣江流域沿赣江干流主要气象站气象特征值统计表

站名	多年平均年降水量/mm	最大年降水量		最小年降水量		多年平均年蒸发量/mm	多年平均气温/℃	极端最高气温		极端最低气温		多年平均相对湿度/%	多年平均风速/(m/s)	多年平均年日照小时/h	多年平均年无霜期/d
		降水量/mm	出现年份	降水量/mm	出现年份			气温/℃	相应出现时间（年-月-日）	气温/℃	相应出现时间（年-月-日）				
赣州	1426.8	2183.8	1961	897.6	1986	1616.0	19.4	41.2	1953-08-10	−6.0	1955-01-12	76	1.8	1813.6	282
万安	1401.3	2078.2	2002	741.6	1963	1618.8	18.5	40.7	1992-07-31	−6.5	1967-01-16	80	2.6	1739.6	284
泰和	1400.0	2371.2	2002	821.5	1986	1407.1	18.7	41.5	2003-08-02	−6.0	1991-12-29	80	1.8	1694.0	288
吉安	1495.9	2183.1	1953	982.8	1963	1546.1	18.4	40.3	1991-07-18	−8.0	1972-02-09	78	2.2	1737.3	281
峡江	1629.9	2243.5	1953	919.2	1963	1432.4	17.6	40.6	1971-07-31	−9.1	1991-12-29	82	1.8	1687.9	277
丰城	1617.5	2460.5	1973	984.3	1971	1385.6	17.6	39.7	1963-09-01	−14.3	1991-12-29	82	2.4	1787.6	266
南昌	1608.9	2628.2	1954	1044.2	1963	1764.6	17.5	40.6	1961-07-23	−9.7	1991-12-29	77	2.9	1841.8	274

工程坝址以上流域范围，使所选的气象特征值能代表流域的平均气象特征情况，在赣江流域内沿赣江干流选用了泰和、吉安、南昌等 7 个气象代表站，这些气象站分别建于 1954—1960 年，观测项目有降水、蒸发、气温、风速、湿度、日照等见表 2.2.1。1968 年以前采用的是维尔德风压器观测风速，1968 年至今采用的是 EL 型电接风测风仪器观测风速，蒸发量观测采用 20cm 口径蒸发皿。

2.3 水 文

2.3.1 观测站基本情况

赣江流域的水文站绝大部分是新中国成立后设立的，在此之前设立的水文站只有吉安水文站及南昌和峡江水位观测站，但只有几年不连续的观测资料，新中国成立后在赣江流域先后设立了大量的雨量站、水位站、水文站，雨量站已达 623 个，水位站 28 个，水文站 71 个。

新干航电枢纽工程位于赣江中下游，其开发任务是以航运为主、兼顾发电的综合利用工程。根据新干航电枢纽工程坝址控制流域面积及赣江中下游水文测站分布和资料情况，经分析，选择赣江干流上的峡江站作为水文分析计算设计依据站，选择棉津（万安）、吉安、峡江、石上等水文、水位站作为设计参证站。新干坝址水文分析计算采用设计参证站基本情况见表 2.3.1，现对该工程采用的设计依据站和参证站分别简述如下：

1. 棉津、万安（西门）水文站

棉津站位于万安县武术乡南洲坪村，1953 年 3 月由江西省水利局设立，控制流域面积 36818km^2，观测水位、流量、降水量、泥沙等，测验河段上下约 1000m 大致顺直，水位流量关系尚稳定。万安水库修建并将流量测验移至万安（西门）后，1985 年改为水位观测站。

表 2.3.1 新干坝址水文分析计算采用设计参证站一览表

站名	所在河流	站别	控制流域面积/km^2	观测项目	收集资料时间
棉津	赣江干流	水文	36818	水位、流量、降水、泥沙	1957—1984 年
万安（西门）	赣江干流	水文	36900	水位、流量、降水、泥沙	1985—1987 年
万安入库	赣江干流	水文	35330	水位、流量	1993—2009 年
栋背	赣江干流	水文	40231	水位、流量、降水	1957—2005 年
吉安	赣江干流	水文	56223	水位、流量、降水、泥沙	1957—2007 年
峡江	赣江干流	水文	62724	水位、流量、降水、泥沙	1957—2013 年
新干	赣江干流	水位	64465	水位	1957—2009 年

续表

站名	所在河流	站别	控制流域面积/km^2	观测项目	收集资料时间
樟树	赣江干流	水文	71324	水位、流量、降水、泥沙	1957—2009 年
石上	赣江干流	水文	72760	水位、流量、降水、泥沙	1966—1998 年
林坑	赣江支流蜀水	水文	994	水位、流量、降水	1956—2005 年
工程专用水文站	赣江干流	专用水文	64776	水位、流量	2011 年 3 月—2013 年 6 月

万安（西门）水文站位于万安县城关镇西门码头（万安坝址下游），1979 年 3 月由长江委汉口水文总站为万安水利工程设计设立，控制流域面积 36900km^2，由于受当时万安水利工程建设几次停工、复工的影响，观测断面几经变更，于 1984 年开始较完整地观测水位、流量、降水量、泥沙等，万安（西门）水文站测验河段比较顺直，断面下游约 7.5km 处有遂川河汇入，该测验断面水位流量关系尚稳定。

2. 万安入库水文站

万安入库水文站位于章水和贡水汇合口下游约 290m 处左岸赣江造纸厂附近，测站集水面积 35330km^2，观测项目有水位和流量，主要对万安建库后的入库水位流量进行观测，有 1993 年以来的实测水位和流量资料。

3. 栋背水文站

栋背水文站位于万安县百嘉乡栋背村，控制流域面积 40231km^2，1957 年 1 月由江西省水文总站吉安分站设立，观测水位、流量、降水量，1958 年 1 月增测含沙量，1961 年 12 月底停测含沙量，水位在 64m 以上时增测比降，1979 年增测蒸发量。该站测验河段较为顺直，左岸为岩石，右岸为黏土和细砂组成。河床左岸为细砂，右岸至 140m 处为卵石，有局部冲淤现象，主流偏右，高水时右岸有漫滩。该站水位流量关系线基本为单一线，且较稳定，大洪水时因受洪水涨落影响才形成绳套关系。

4. 吉安水文站

吉安水文站位于吉安市飞跃乡大里港码头，1930 年 3 月由江西省水利局设立，控制流域面积 56223km^2，先后观测水位、降水量，历经变更并撤销，于 1949 年 12 月恢复观测水位、流量等，1961 年 7 月又被改为水位站，1964 年 1 月又恢复为水文站，现观测项目比较齐全，测验河段上下大致顺直，上游 3km 有禾水加入，水位流量关系尚稳定。

5. 峡江水文站

峡江水文站为本书设计主要依据站。该站位于峡江县老县城龙王庙，控制流域面积 62724km^2，1947 年 2 月由江西省水利局在巴邱镇南街头上首左岸设立为峡江水位站，观测水位、降水量，同年6月增加蒸发量，1949年停止观测工作。1952年12月由江西省人民政府水利局恢复，并增加气象资料观测。1957年1月1日在上游约1km处右岸廖坑村设立流量站，观测水位、流量。1958年加测含沙量、水温、水化学等，撤销水位站，并将降水量迁至流量站。1976年1月1日基本水尺下迁至老县城巴邱镇上游左岸的龙王庙，改名为峡江（二）站，并将原基本水尺断面改为新测流断面。该站测验河段顺直达800m，河床由岩石与细沙组成，冲淤变化较小，河岸较陡，两岸均为高山，河窄水深，高水断面面积增加甚缓，洪水时流速随水位上涨激增，水位-流量关系为单一线，且较稳定。

6. 新干水位站

新干水位站位于新干县城，控制流域面积64465km^2，1951年4月设立为雨量站，同年改为水位站，1953年3月增测蒸发量，1955增测气象，同年年底停测。河段顺直，左岸为泥沙组成，右岸为城区码头。

7. 樟树水文站

樟树水文站位于樟树市，控制流域面积71324km^2，1930年设立，观测降水量，1931—1934年观测水位，1951—1962年观测项目有水位、降水量、蒸发量、气温、气压、风向、风力等，以后只保留水位、降水量。1998年因石上站撤销，樟树站开始观测流量等项目。该站上游8km为袁水汇入口，上游1km外有大沙洲坝（余家洲）。上游500m左右又有一沙洲，当水位在24m以上时全部淹没。

8. 石上水文站

石上水文站位于丰城市尚庄镇石上村，控制流域面积72760km^2，该站1955年4月由江西省水文总站宜春分站设立，观测水位、流量、降水量、蒸发量，1957年1月增测含沙量，1959年停测蒸发量，1998年年底撤销，石上水文站撤销后其观测项目移至上游的樟树水文站进行。石上水文站测验河段大致顺直，河床左岸为岩石，右边为细砂，有冲淤现象。测验断面上游约500m处有一弯道，并有小支流北坑河汇入。石上站水位-流量关系线较稳定，基本上为单一线。

9. 林坑水文站

林坑水文站位于赣江支流蜀水、万安县高陂乡林坑村，控制流域面积994km^2，1956年8月1日由江西省水利厅设为水位站，观测水位，1957年1月改为流量站，增加流量、降水量观测。该站测验河段顺直，为深水河槽，左边为卵石、右边为岩石组成，河床稳定。该站水位流量关系线为单一线，且较稳定。该站每年依据当年的实测水位流量分析绘制水位流量关系线（单一线），历年的水位流量关系线相差很小。

10. 工程专用水文站

2011 年 3 月中水珠江规划勘测设计有限公司委托水文部门设立了新干坝址临时水文观测站。在拟定的上坝址和下坝址附近设立了两组直立搪瓷水尺，下水尺位于下坝址上游约 150m，上水尺在新干线大洋洲镇附近，位于上坝址上游约 1550m，自 2011 年 3 月 15 日开始观测水位。同时在上坝址附近进行流量测验，自 2012 年 6 月 26 日增加测验流量，至 2013 年 6 月结束观测。

棉津、万安、栋背、吉安、峡江、石上等水位站的观测高程系统为吴淞基面，工程临时观测站水位观测高程系统为黄海基面。黄海基面与 85 国家高程基准的换算关系为：85 国家高程基准表示高程＝黄海基面表示高程－0.029m。

2.3.2 径流（以新干水利枢纽为例）

新干坝址集水面积 64776km^2，上游有已建万安水电站及在建的峡江水利枢纽，万安水库具有一定调节性能，峡江枢纽水库调节性能较小，本书坝址径流分析考虑万安水库的蓄泄影响，不考虑峡江枢纽的影响。

坝址处无实测流量资料，坝址上游约 52km 的赣江干流上设有峡江水文站，下游约 23km 的赣江干流上设有樟树水文站，但樟树水文站由于赣江主要支流袁河汇入，控制集水面积 71324km^2，集水面积相差 6548km^2（10.1%）；而峡江站控制集水面积 62724km^2，集水面积仅差 2052km^2（3.2%）。由于新干坝址与峡江站集水面积接近，区间无大支流汇入，因此新干坝址径流可根据峡江水文站径流按面积比法计算。

峡江站上游建有万安水库，该水库 1992 年截流、1993 年下闸蓄水，即 1992 年以后的峡江径流受万安水库的蓄泄影响。本书采用万安水库入、出库径流差演算到峡江站，对峡江径流资料进行还原。

1. 万安坝址径流系列

万安水利枢纽工程位于新干坝址上游约 224km，坝址控制集水面积 36900km^2，万安水库于 1992 年投产运行，1993 年下闸蓄水，1993 年在万安库尾章水和贡水汇合口下游约 290m 设立万安入库水文站，测验水位流量。万安坝址下游设有万安（西门）水文站，1984 年开始施测流量，集水面积与万安坝址相同。棉津水文站位于万安坝址上游，控制集水面积 36818km^2，1953—1984 年有实测流量资料，因其面积与万安站相差仅为 0.2%，并经 1984 年比测，两站径流资料相当接近，因此，万安坝址 1957—1984 年径流采用棉津站实测径流系列面积比法计算。1985—1992 年径流直接采用万安（西门）水文站径流。

1993—2009 年径流采用万安水库入库站逐日平均流量面积比法推求，径流成果见表 2.3.2。可行性研究阶段万安坝址多年平均年径流量为 966m^3/s，本阶段计算万安坝址多年平均年径流量为 963m^3/s，相差仅为 0.31%，因资料系列较长，代表性较好，成果稳定。万安坝址多年平均径流采用本阶段分析成果，多年平均径流深为 823mm，多年平均径流模数为 26.09L/(km^2 · s)。

表 2.3.2　　　　万安坝址天然径流成果表（水利年）

年份（水利年）	径流量/(m^3/s)												
	3 月	4 月	5 月	6 月	7 月	8 月	9 月	10 月	11 月	12 月	1 月	2 月	年平均
1957—1958	1030	1568	2637	2291	493	507	388	624	424	316	252	658	932
1958—1959	674	931	1980	1410	828	409	454	333	183	156	177	954	705
1959—1960	1134	1154	1228	5329	1244	776	1404	368	374	305	296	183	1145
1960—1961	713	1048	2487	2016	603	1292	643	400	336	327	287	467	887
1961—1962	1290	2558	1870	3763	843	1802	3659	848	643	561	488	286	1549
1962—1963	450	1138	2815	4866	2387	544	473	443	368	259	190	269	1185
1963—1964	413	502	333	678	552	206	169	117	366	169	695	697	406
1964—1965	856	1331	1039	5204	718	577	407	409	226	179	154	136	934
1965—1966	246	1051	1755	1775	583	522	171	469	352	242	246	241	639
1966—1967	379	1207	972	2952	1118	487	305	312	258	259	198	491	742
1967—1968	484	1258	1566	638	540	392	365	178	166	168	137	240	511
1968—1969	397	762	1112	4730	1997	625	347	319	230	199	360	697	978
1969—1970	1350	1052	1426	1180	482	573	198	655	301	198	290	348	674
1970—1971	1216	1955	2740	2220	1254	646	1416	1123	516	895	414	415	1238
1971—1972	528	289	1006	1227	424	624	479	261	225	261	209	361	491
1972—1973	221	1142	1720	1399	370	869	295	353	477	498	957	550	738
1973—1974	648	4454	4338	3261	1810	1237	1010	701	497	304	260	557	1590
1974—1975	441	601	1306	1976	1437	675	292	564	737	424	590	1279	856
1975—1976	2263	2198	4489	2499	894	1355	650	1398	1052	714	438	487	1542
1976—1977	928	2236	1950	3740	2007	1022	509	759	482	315	389	306	1222
1977—1978	182	793	1696	3081	1078	786	550	455	235	208	381	307	813
1978—1979	940	1662	2262	2299	657	807	358	306	273	180	190	356	858
1979—1980	1309	1262	1190	1091	547	400	805	297	214	192	186	377	655
1980—1981	1446	2420	2969	823	789	642	823	456	302	243	245	328	961
1981—1982	1003	3404	1746	2274	841	665	862	573	610	331	254	619	1095
1982—1983	1150	1189	2113	2429	1095	716	580	445	700	729	1069	1842	1165
1983—1984	4255	2759	2847	2124	699	619	586	433	279	188	227	235	1275
1984—1985	473	2300	2100	2350	560	601	1420	450	311	251	252	1030	1002
1985—1986	1900	1570	1280	1760	1056	1060	1360	671	423	363	299	501	1022
1986—1987	904	1430	986	1750	867	401	296	205	261	197	159	126	633

续表

年份（水利年）	径流量/(m^3/s)											
	3月	4月	5月	6月	7月	8月	9月	10月	11月	12月	1月	2月	年平均
1987—1988	982	1170	1620	891	994	677	406	576	664	447	305	524	773
1988—1989	2097	2087	2325	1299	456	487	967	348	315	181	929	685	1016
1989—1990	434	1147	2277	1489	788	441	335	232	157	112	328	547	691
1990—1991	841	2287	1175	1593	757	1109	1346	594	534	326	452	369	948
1991—1992	1014	1147	1147	701	318	423	582	473	298	243	577	1356	686
1992—1993	3654	2923	2505	2363	2268	774	691	376	280	308	278	228	1395
1993—1994	712	1224	2395	2635	922	798	534	616	339	319	282	597	948
1994—1995	992	1602	1777	3832	2241	1299	880	480	364	514	761	1182	1325
1995—1996	1013	1323	1508	2899	1553	1819	475	482	355	285	237	314	1023
1996—1997	592	2390	1232	1512	1492	2667	809	705	559	406	413	858	1136
1997—1998	976	1333	1236	1628	3514	3142	1153	763	779	827	648	1905	1491
1998—1999	3482	1346	1667	2482	600	676	427	409	420	378	563	665	1096
1999—2000	407	1000	1907	1415	817	691	676	231	338	345	348	451	719
2000—2001	741	2035	1100	1298	445	1583	828	848	696	454	637	790	953
2001—2002	1303	1822	1964	2365	1453	1617	1596	471	375	369	352	526	1186
2002—2003	527	898	968	2068	1682	2705	869	2183	1984	1264	726	659	1383
2003—2004	681	1463	1866	1291	402	494	283	217	254	198	154	251	630
2004—2005	356	1023	1049	862	1044	332	366	213	205	204	178	433	522
2005—2006	447	1034	2584	2716	580	800	806	415	523	347	131	629	916
2006—2007	895	1362	1991	3498	1877	993	830	354	741	561	387	491	1165
2007—2008	894	1042	730	3172	600	1103	761	281	229	215	204	626	821
2008—2009	354	1243	879	2563	1705	762	443	471	322	188	131	629	805
多年平均	1012	1541	1805	2264	1063	908	718	513	434	349	371	578	963

2. 新干坝址径流系列

新干坝址处无实测径流资料，因上游峡江站与坝址面积较为接近（集水面积仅差3.2%），本阶段新干坝址径流采用与可行性研究相同方法，在可行性研究基础上延长1年径流系列，即根据峡江站1957—2009共52年实测径流，并考虑到万安水库建立后蓄泄影响，以万安水库1992年后实测出入库径流差，采用马斯京根法演进到峡江断面，还原为峡江站天然径流系列，进而采用水文比拟法推求新干坝址天然径流，其中降雨修正指数取1.0，新干坝址天然径流成果见表2.3.3。

表 2.3.3　　　　新干坝址天然径流成果表（水利年）

年份（水利年）	径流量/(m^3/s)												
	3 月	4 月	5 月	6 月	7 月	8 月	9 月	10 月	11 月	12 月	1 月	2 月	年平均
1957—1958	1770	2620	3850	3260	684	818	698	1160	829	491	381	990	1460
1958—1959	1230	1740	4930	2880	1330	697	711	533	249	180	233	1730	1370
1959—1960	1940	1850	2230	7400	2080	1190	1920	487	600	452	499	302	1750
1960—1961	1370	2120	3940	3240	782	2090	1010	578	514	551	413	871	1460
1961—1962	2130	4440	2720	6570	1220	2680	6040	1490	924	824	694	408	2510
1962—1963	1020	2240	5070	8510	4010	791	841	852	821	470	321	412	2110
1963—1964	695	792	858	898	877	315	252	211	581	320	1010	1130	662
1964—1965	1640	2640	1920	7650	1180	953	656	699	383	269	226	243	1540
1965—1966	488	2120	3520	2910	839	813	307	693	876	633	545	656	1200
1966—1967	712	2530	2050	4080	2520	649	402	497	417	389	284	788	1280
1967—1968	926	2420	3020	1620	935	581	494	264	268	248	191	374	945
1968—1969	911	2050	1950	7550	4690	967	589	482	393	327	574	912	1780
1969—1970	1870	1800	2910	1920	1210	1910	474	1410	641	353	440	735	1310
1970—1971	2070	3690	5870	3660	2700	1090	2570	2250	967	1580	736	679	2320
1971—1972	941	598	2010	2500	559	1050	679	430	364	334	347	609	868
1972—1973	422	1940	3120	2240	493	1500	583	628	858	849	1500	917	1250
1973—1974	1110	6790	6260	4870	3260	2080	1700	1330	897	521	427	1120	2530
1974—1975	767	917	1760	2900	2820	1430	460	735	932	582	882	1810	1330
1975—1976	3300	3830	7830	4110	1530	2220	1060	2330	1870	1220	714	699	2560
1976—1977	1550	3670	3140	5420	4120	1520	872	1180	846	491	659	591	2010
1977—1978	354	1590	3730	6580	2010	1270	811	732	387	322	615	462	1570
1978—1979	1300	3160	3460	3460	934	1020	523	425	368	247	272	581	1310
1979—1980	2030	2300	2140	2170	1140	754	1530	556	325	271	273	772	1190
1980—1981	2250	4260	5660	1600	1440	1380	1480	794	483	376	402	653	1730
1981—1982	1910	6880	2680	3450	1660	1110	1370	1390	1500	729	485	1390	2050
1982—1983	2050	2010	3210	6060	1670	1210	1040	843	1530	1420	1590	2770	2120
1983—1984	5920	4680	4820	4120	1360	962	902	764	453	300	353	420	2090
1984—1985	781	4480	3870	4300	1090	1090	2680	872	574	489	463	1990	1890
1985—1986	3450	2750	1830	2970	1430	1390	1760	924	613	539	406	676	1560
1986—1987	1190	2810	1590	2610	1800	623	500	302	453	309	237	205	1050
1987—1988	1260	2210	2690	1570	1650	1150	695	1570	1480	967	596	1060	1410

续表

年份（水利年）	径流量/(m^3/s)												
	3月	4月	5月	6月	7月	8月	9月	10月	11月	12月	1月	2月	年平均
1988—1989	3710	3510	3920	2390	837	818	1690	579	466	276	1360	1320	1740
1989—1990	838	2060	4180	2840	2260	744	529	435	333	244	565	985	1330
1990—1991	1650	3810	1980	2790	1520	1760	2030	1100	1330	694	1020	882	1710
1991—1992	2290	2790	2220	1210	522	743	1000	903	552	476	904	2220	1320
1992—1993	5390	5210	3930	4360	3960	1200	1050	568	428	467	583	443	2300
1993—1994	1190	1730	3760	4560	2510	1440	869	836	804	599	439	1300	1670
1994—1995	1820	3290	3690	6930	2740	2270	1230	1140	609	1740	1360	1950	2400
1995—1996	1940	2660	2850	4870	3140	2110	859	981	563	443	450	463	1780
1996—1997	1120	3940	2270	2590	1480	3540	1440	742	546	463	533	1160	1650
1997—1998	1540	3040	2380	3320	5060	4640	2890	1930	1250	1740	2610	3760	2850
1998—1999	6010	2370	3100	5130	1820	1030	973	508	476	448	386	290	1880
1999—2000	660	2060	3250	2700	2610	2770	2920	1030	752	546	563	562	1700
2000—2001	1580	3400	2050	2860	778	2000	1530	2000	1300	816	1100	1110	1710
2001—2002	1820	3830	4170	4290	2160	1990	2010	746	825	615	640	824	1990
2002—2003	965	1940	2380	4070	4230	4400	2130	2590	3120	1970	1640	1510	2580
2003—2004	1440	2430	3620	2160	680	801	586	381	302	287	286	454	1120
2004—2005	847	2130	2280	2070	1670	896	1140	437	452	359	476	1340	1180
2005—2006	969	1860	5690	5130	1550	1220	1260	766	713	504	510	529	1730
2006—2007	2100	2850	3440	6030	2920	1800	1260	653	1070	939	686	906	2060
2007—2008	1700	1980	1460	4420	947	2060	1660	624	458	444	391	1150	1440
2008—2009	1020	2420	1890	3980	2760	1530	940	840	891	448	214	895	1490
多年平均	1730	2830	3250	3880	1930	1480	1260	908	762	607	644	981	1690

3. 坝址径流特性

由新干航电枢纽坝址径流成果可知，多年平均径流深 824mm，说明坝址控制流域内径流量比较丰富。但从坝址 1957 年 3 月—2009 年 2 月共 52 年径流系列中可看出，坝址径流的年际年内变化较大。最大年平均流量为 2850m^3/s（1997 年，水利年，下同），最小年平均流量为 662m^3/s（1963 年），最大年平均流量是最小年平均流量的 4.31 倍。径流年内分配也不均匀，汛期（3—8 月）径流量占全年径流量的比重达 74.52%，其中又以 6 月最大，占全年径流量的 19.15%，枯期（9 月—次年 2 月）径流量仅占年径流量的 25.48%，其中 12 月径流量最小，占全年径流量的 3.00%；最大月平均流量 8510m^3/s（1962 年 6 月）是最小月平均流量 180m³/s（1958 年 12 月）的 47.3 倍。新干坝址径流年内分配情况见表 2.3.4。

表 2.3.4　新干坝址径流年内分配情况表（1957 年 3 月—2009 年 2 月）

项目	3 月	4 月	5 月	6 月	7 月	8 月	9 月	10 月	11 月	12 月	1 月	2 月	年
平均流量/(m^3/s)	1730	2830	3250	3880	1930	1480	1260	908	762	607	644	981	1690
占比/%	8.54	13.97	16.04	19.15	9.52	7.30	6.22	4.48	3.76	3.00	3.18	4.84	100
汛、枯占比/%	74.52						25.48						100

4. 坝址径流系列代表性分析

新干坝址径流系列为 1957 年 3 月—2009 年 2 月共 52 年。坝址逐月平均流量成果、坝址年平均流量过程线和坝址年平均流量差积曲线见图 2.3.1～图 2.3.3。从中可看出，52 年径流系列中包含有 15 年丰水年、18 年平水年和 19 年枯水年，如 1961 年、1973 年、1975 年、1997 年、2002 年为丰水年，1990 年、1993 年、1999 年、2000 年为平水年，1963 年、1967 年、1971 年、1986 年、2003 年、2004 年为枯水年。从坝址年平均流量逆序变化线中可看到，当系列长度在 25 年以上时，新干坝址多年平均流量基本趋于稳定，均值变化幅度小于 4.4%，当系列长度在 42 年以上时，均值变化幅度小于 1.6%。因此，可以认为本次分析计算所得的新干坝址 52 年年、月径流系列有较好的代表性。

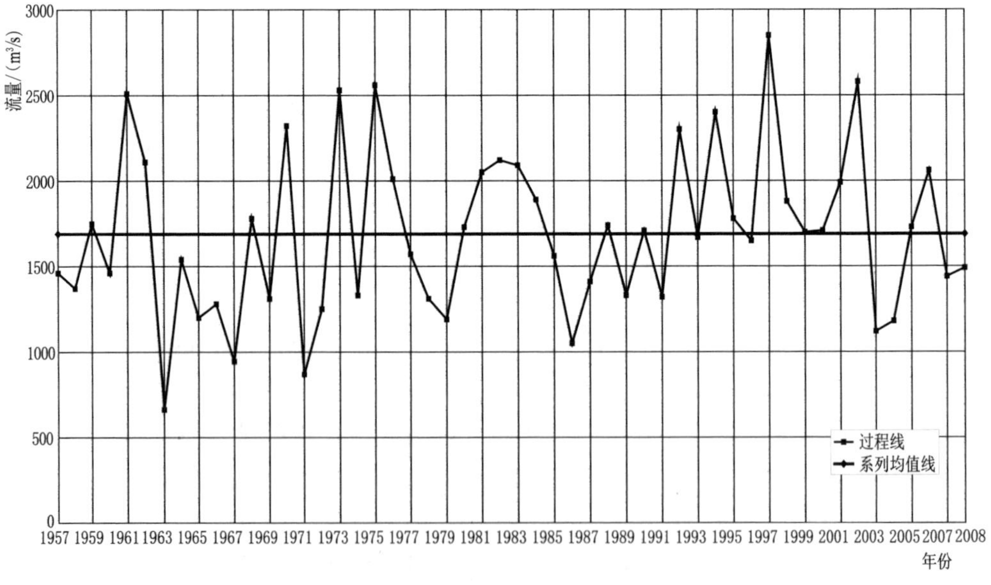

图 2.3.1　新干坝址年平均流量过程线图（水利年）

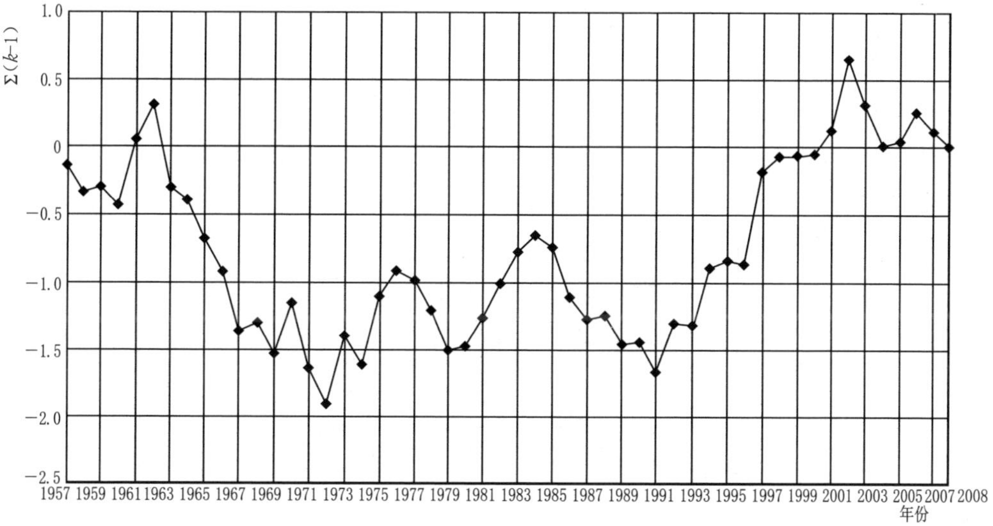

图 2.3.2　新干坝址年平均流量差积曲线图（水利年）

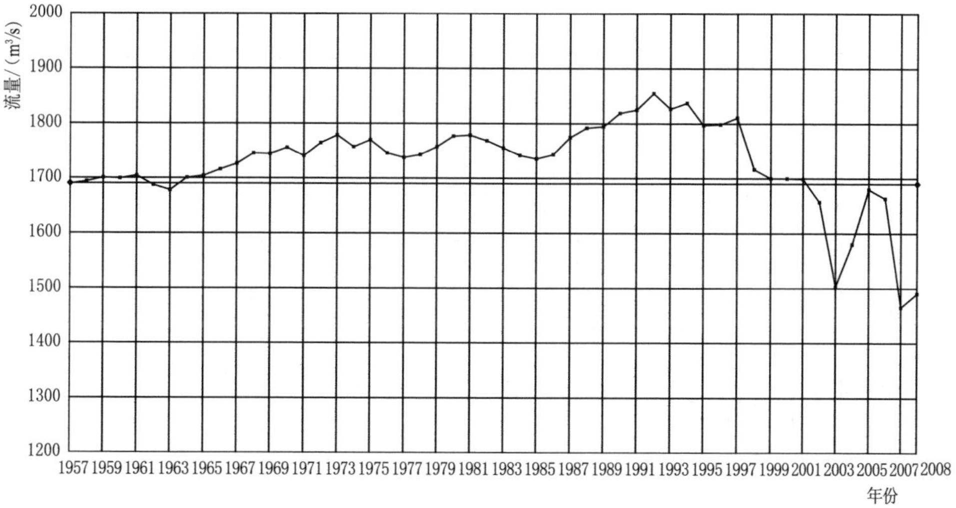

图 2.3.3　新干坝址年平均流量逆序变化线图（水利年）

5. 坝址径流频率计算

对新干坝址日历年、水利年和 10 月—次年 2 月、11 月—次年 1 月枯水期径流量进行频率计算，采用矩法初估参数，P-Ⅲ曲线适线，求得坝址日历年、水利年和 10 月—次年 2 月、11 月—次年 1 月枯水期设计径流。经复核，本阶段坝址径流频率计算成果与可研阶段相同，仍采用可研阶段成果。新干坝址年平均流量和枯水期时段平均流量频率曲线图如图 2.3.4 和图 2.3.5 所示，成果见表 2.3.5。

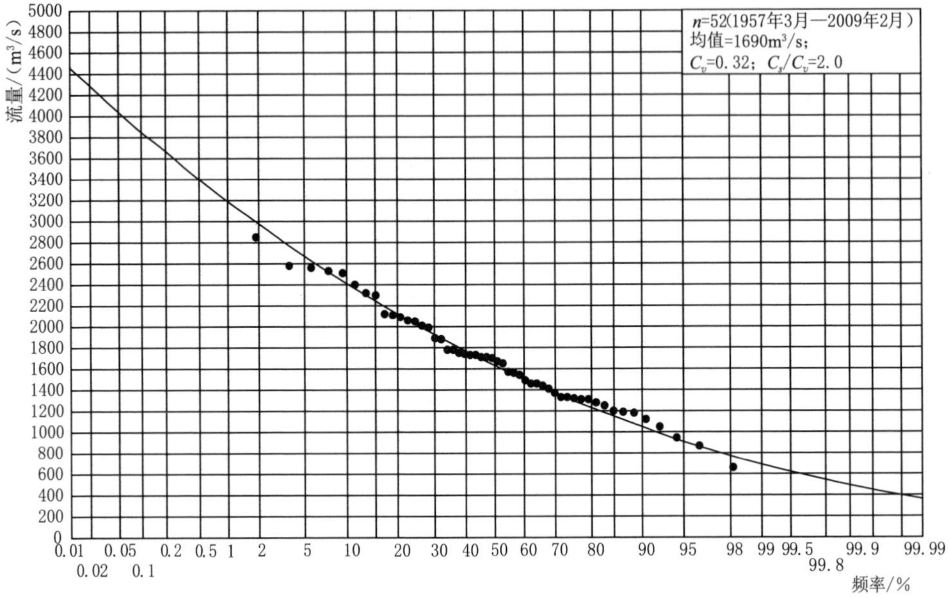

图 2.3.4 新干坝址年平均流量频率曲线（水利年）

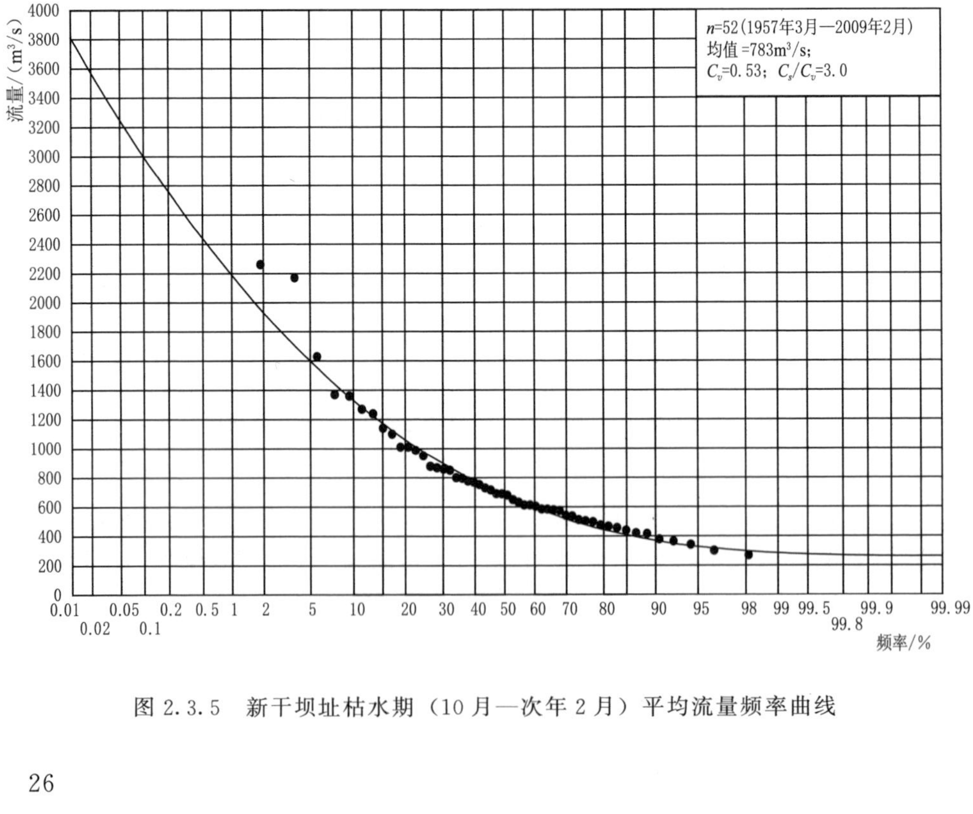

图 2.3.5 新干坝址枯水期（10 月—次年 2 月）平均流量频率曲线

表 2.3.5　新干坝址时段平均流量频率分析计算成果表

时段	资料系列起止时间	资料年数	设计参数			各频率流量设计值/(m^3/s)				
			平均流量/(m^3/s)	C_v	C_s/C_v	$P=$10%	$P=$25%	$P=$50%	$P=$75%	$P=$90%
日历年	1957—2008年	52	1690	0.33	2.0	2430	2030	1630	1290	1030
水利年	1957年3月—2009年2月	52	1690	0.32	2.0	2410	2020	1630	1300	1050
10月—次年2月	1957年3月—2009年2月	52	783	0.53	3.0	1330	974	678	480	370
11月—次年1月	1957年3月—2009年2月	52	677	0.54	3.0	1160	845	583	410	315

6. 坝址径流成果合理性分析

为分析新干航电枢纽坝址年、月径流成果的合理性，本书对赣江干流新干坝址的上下游万安坝址、栋背站、石虎塘坝址、吉安站、樟树站、石上站的同期资料的年径流成果进行分析，年径流特征参数见表 2.3.6。

从表 2.3.6 可以看出，新干坝址年径流深和年径流模数与其赣江干流上下游的万安坝址、栋背站、石虎塘坝址、吉安站、峡江站、樟树站、石上站的年径流深和年径流模数相差很小，年径流均值从上游至下游逐渐增大，年径流变差系数 C_v 从上游至下游逐渐变小，符合上下游变化的一般规律，石上站径流模数出现变小，这与该区年降雨量变小相一致（表 2.2.1）。经复核，本书推求得到的新干航电枢纽坝址年、月径流成果是合理的。

表 2.3.6　新干坝址上下游水文站及万安、石虎塘坝址径流特征参数比较表

坝址及站名	集水面积/km^2	资料系起止年份	资料年数	径流均值/(m^3/s)	C_v	C_s/C_v	年径流深/mm	年径流模数/[L/(km^2·a)]
万安坝址	36900	1957—2009	52	963	0.34	2.0	823.0	26.09
栋背站	40231	1953—2008	56	1060	0.34	2.0	831.5	26.35
石虎塘坝址	43770	1957—2006	50	1150	0.34	2.0	828.9	26.27
吉安站	56223	1953—2008	56	1490	0.33	2.0	836.3	26.50
峡江站	62724	1953—2009	57	1640	0.32	2.0	826.4	26.15
新干坝址	64776	1957—2009	52	1690	0.32	2.0	822.8	26.15
樟树站	71324	1957—2005	48	1870	0.31	2.0	827.4	26.21
石上站	72760	1953—2008	56	1880	0.31	2.0	815.4	25.84

2.3.3 洪水（以新干水利枢纽为例）

1. 暴雨特性

赣江流域是江西省的多雨区之一，气候受季风影响，主要的降水时期为每年的4—9月，3月和10月也偶尔会发生暴雨。暴雨类型既有锋面雨，又有台风雨，其水汽的主要来源是太平洋西部的南海和印度洋的孟加拉湾。一般每年从4月开始，降水量逐渐增加；至5月、6月，西南暖湿气流与西北南下的冷空气持续交绥于长江流域中下游一带，冷暖空气强烈的辐合上升运动，形成大范围的暴雨区。赣江流域正处在这一大范围的锋面雨区中，此时期（5—6月），该流域降水量剧增，不仅降水时间长，而且降水强度也大。因此，锋面雨是赣江流域的主要暴雨类型。7—9月本流域常受台风影响，此时期既有锋面雨出现，也有台风雨产生。暴雨历时一般为4～5d，最长可达7d，最短的仅2d。锋面雨历时较长，台风雨历时较短。从暴雨出现的时间统计，绝大多数的暴雨出现在4—8月，以5月、6月出现次数最多，此时期正值江南梅雨期，冷暖气团交绥于江淮流域，形成持续性梅雨天气。

2. 洪水特性

赣江为雨洪式河流，洪水由暴雨形成，洪水季节与暴雨季节相一致。一般每年自4月起，本流域开始出现洪水，但峰量不大；5月、6月为本流域出现洪水的主要季节，尤其是6月，往往由大强度暴雨产生峰高量大的大量级洪水；7—9月由于受台风影响，也会出现短历时的中等洪水，3月和10月偶尔也会发生中等洪水。因此，本流域4—6月洪水由锋面雨形成，往往峰高量大，7—9月洪水一般由台风雨形成，洪水过程一般较尖瘦。一次洪水过程一般为7～10d；长的可达15d，如1964年和1968年洪水；最短的仅为5d，如1996年洪水和2002年秋汛洪水。峰型与降水历时、强度有关，多数为单峰肥胖型，一次洪水总量主要集中在7d之内。

根据峡江站1953—2013年共61年资料统计，年最大洪峰流量为19900m^3/s，出现在1968年6月26日，年最大洪峰流量的历年最小值为2950m^3/s，出现在1963年4月25日；年洪峰流量出现最早时间为3月10日，年洪峰流量出现最晚时间为9月13日；年最大洪峰流量出现在5月和6月频率分别为27.87%和40.98%，其他各月出现年最大洪峰流量的频次和频率见表2.3.7。

表2.3.7 峡江站年最大洪峰流量各月出现频次和频率统计表

月份	3	4	5	6	7	8	9	合计
出现次数	4	6	17	25	5	2	2	61
出现频率/%	6.55	9.84	27.87	40.98	8.20	3.28	3.28	100

3. 洪水地区组成

赣江纵贯江西南北，流域面积大和纬度跨越大，流域内暴雨地区组成复杂，因此，洪水地区组成也较复杂。赣江流域洪水地区组成大致可分为三种类型：第一种为中上游来水为主，下游相应，如1961年、1962年、1968年、1994年和1998年洪水；第二种为中上游相继发生大洪水，下游来水较小，如1959年、1964年和2002年洪水；第三种为洪水主要来源于中下游，上游来水较小，如1982年洪水。第一种是较为常见的洪水，第二种类型洪水发生概率较小，第三种类型洪水很少发生。

4. 历史洪水及其重现期

历史洪水是频率法计算设计洪水的重要资料，进行设计洪水的分析时加入可靠的历史洪水资料，可增强样本的代表性、提高设计成果的精度。

长办二勘队、吉安水文站、江西省交通厅以及长办水文处分别于1956年5月、1956年、1959年11月和1965年11月先后对吉安河段进行过四次洪水调查，调查河段全长3100m。其中调查到的首大洪水为1915年洪水，次大洪水为1876年。

长办二勘队及长办水文处分别于1956年5月和1965年11月先后对峡江河段进行过两次洪水调查，调查河段全长约3000m。其中调查到的首大洪水亦为1915年洪水，次大洪水为1876年。据有关文史记载，1876年“赣江、抚河大水，夏秋之间，赣江、抚河流域发生近百年来的特大洪水。赣江干流，洪水盛发于万安县，泰和、吉安等县均受洪患，新干、清江、丰城等县，沿河各堤均冲决”。1915年，“赣江大洪水，尤以上游洪水，绵亘千里，酿成巨灾。该场洪水东起闽赣，西达粤桂，面积广被，时程相连，是跨流域特大洪水，号称‘华南大水’”。经推算，峡江站1915年洪水洪峰流量为21400m^3/s；1876年洪水洪峰流量为21300m^3/s。

由以上洪峰流量可以看出，1915年和1876年洪水量级相当，另外，根据《江西省洪水调查资料》成果，其中1876年洪水成果仅供参考，若剔除1876年洪水（不考虑），则1915年洪水可视为自1915年以来至今最大的一场洪水。根据该阶段收集的最新洪水资料对排位进行复核，且不考虑1876年洪水，1915年仍为至今以来最大洪水，其洪水重现期确定为99年。

5. 峡江站设计洪水

峡江站位于万安水库下游，1993年后受万安水库蓄泄影响，需进行还原计算，计算方法是采用马斯京根法将万安入、出库洪水流量差的过程演算至峡江并与峡江站与之对应的实测洪水过程相加。

该阶段收集到峡江站2010年、2011年、2012年、2013年实测洪水资料，洪峰分别为17200、4240、11500、7410m^3/s，经分析计算，依据峡江站1953—

2013 年共 61 年还原后的连续系列，加入 1915 年历史洪水，由此组成不连续系列。经验频率采用数学期望公式计算，频率分布曲线采用 P－Ⅲ型，用矩法初估均值、C_v 和 C_s，再用适线法对参数进行调整。2010 年以来峡江洪水量级不大，延长系列后成果略小于初始阶段成果，但差值最大不超过 2%，峡江站年最大洪峰流量频率分析计算成果见表 2.3.8 和图 2.3.6。

表 2.3.8　　峡江站设计洪峰流量成果表

项　　目		初始阶段（采用）	延长系列	差值/%
均值/(m^3/s)		11500	11300	
C_v		0.38	0.38	
C_s/C_v		2.5	2.5	
各频率设计值/(m^3/s)	P=0.02%	35200	34600	−1.7
	P=0.05%	32900	32300	−1.8
	P=0.1%	31100	30500	−1.9
	P=0.2%	29100	28600	−1.7
	P=0.33%	27700	27200	−1.8
	P=0.5%	26600	26100	−1.9
	P=1%	24600	24200	−1.6
	P=2%	22500	22100	−1.8
	P=3.3%	21000	20600	−1.9
	P=5%	19700	19300	−2.0
	P=10%	17400	17100	−1.7
	P=20%	14800	14600	−1.4
	P=33.3%	12700	12500	−1.6
	P=50%	10800	10600	−1.9

6. 新干坝址设计洪水

不考虑峡江枢纽调洪作用，采用水文比拟法，根据峡江站设计洪峰流量按面积比的 2/3 换算至坝址求得坝址设计洪水，成果比较见表 2.3.9。

表 2.3.9　　峡江站、新干坝址设计洪峰流量成果表

项　　目	峡江站	新干坝址
均值/(m^3/s)	11500	11750
C_v	0.38	
C_s/C_v	2.5	

续表

项目		峡江站	新干坝址
各频率设计值/(m³/s)	P=0.02%	35200	36000
	P=0.05%	32900	33600
	P=0.1%	31100	31800
	P=0.2%	29100	29700
	P=0.33%	27700	28300
	P=0.5%	26600	27200
	P=1%	24600	25100
	P=2%	22500	23000
	P=3.3%	21000	21500
	P=5%	19700	20100
	P=10%	17400	17800
	P=20%	14800	15100
	P=33.3%	12700	13000
	P=50%	10800	11000

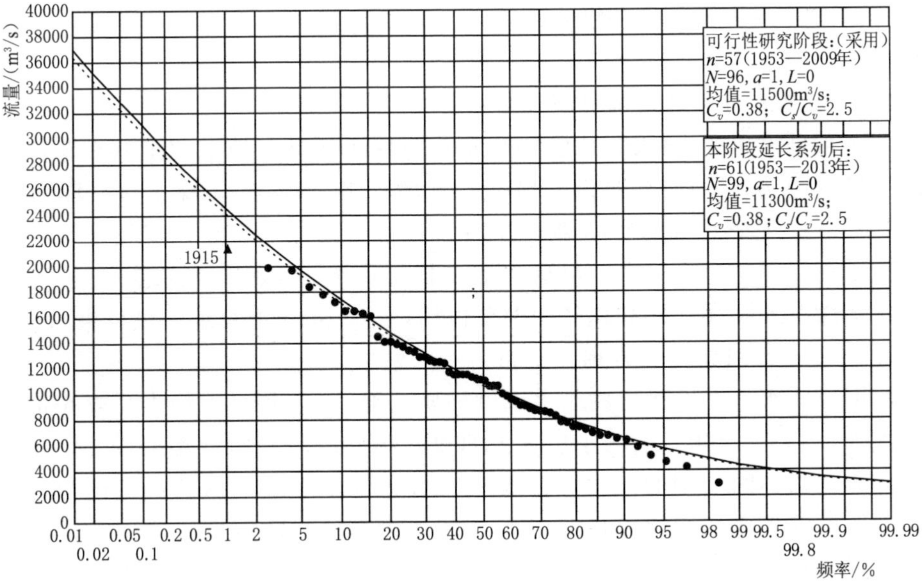

图 2.3.6 峡江站年最大洪峰流量频率曲线图

7. 设计洪水成果合理性分析

为分析新干坝址设计洪水成果合理性，现将坝址设计洪水成果与上、下游的峡山、棉津、栋背、吉安、石上、外洲等水文站及石虎塘坝址设计洪峰流量成果见表 2.3.10。

表 2.3.10　　新干坝址及上下游各站洪峰流量参数比较表

站名	集水面积 /km^2	均值 /(m^3/s)	洪峰均值模数 /[L/(s·km^2)]	C_v	C_s/C_v
峡山	15975	4820	302	0.43	2.5
棉津（万安）	36818	8490	231	0.41	2.5
栋背	40231	9050	225	0.41	2.5
石虎塘坝址	43770	9570	219	0.41	2.5
吉安	56223	10700	190	0.39	2.5
峡江	62724	11500	183	0.38	2.5
新干坝址	64776	11750	181	0.38	2.5
石上	72760	11800	162	0.37	2.5
外洲	80948	12400	153	0.36	2.5

从表 2.3.10 中可以看出，各站或坝址洪峰统计参数和均值模数存在明显规律，均值自上而下随集水面积的增加而递增；C_v、C_s 值则自上而下随集水面积的增加而递减。采用的新干坝址设计洪水成果各统计参数符合赣江中下游洪水统计参数的变化规律是合理的。

8. 上游水库对下游洪水削峰作用分析

新干坝址上游约 224km 处建有万安水利枢纽工程，该工程坐落在赣江中游上段，以发电为主，兼有防洪、航运、灌溉、养殖等综合效益，水库总库容 22.14 亿 m^3，是赣江流域的控制性工程；坝址上游约 56km 处规划建设峡江水利枢纽工程，以防洪、发电、航运为主，兼顾灌溉等，水库总库容 11.87 亿 m^3。本阶段考虑万安和峡江水利枢纽的调节作用，进一步考虑坝址的设计洪水成果。

9. 万安水库对下游洪水削峰作用

根据万安水库初期运行的洪水调度原则，对 1964 年（前峰大后峰小的双峰年型洪水）和 1968 年（前峰小后峰大的双峰年型洪水）两种年型设计洪水进行调洪计算。遇不同年型的洪水，万安水库对石虎塘坝址洪水的调洪削峰作用程度不一，万安水库初期运行对 1968 年型洪水削减的洪峰流量值较小，对 1964 年型洪水削减的洪峰流量值稍大些。从削减洪峰流量值的百分比看，对 $P=2\%$（50 年一遇）洪水的洪峰流量削减值为 2.15%（1968 年型洪水）和 2.05%（1964 年型洪水），对 $P=0.33\%$（300 年一遇）洪水的洪峰流量削减值为 3.13%（1968

年型洪水）和 6.06%（1964 年型洪水），可见，万安水库初期运行对石虎塘坝址设计洪水的调洪削峰作用较小。

而对于 1968 年型，万安水库对峡江坝址 50～500 年一遇洪水消减洪峰为 3.08%～4.23%，削峰程度小，对其下游防洪效果甚微，峡江水利枢纽设计洪水不考虑万安水库调节影响。

综上，新干水利枢纽在石虎塘、峡江水库下游，经上游洪水坦化及区间洪水汇入，削峰作用更小，因此，万安水利枢纽对新干枢纽的设计洪水削峰作用甚微，不考虑万安对新干枢纽设计洪水影响。

10. 分期设计洪水

分期洪水计算采用峡江站 1953—2009 年历年各月最大流量资料，该阶段峡江站资料增加至 2011 年。上游万安水库于 1993 年建成运行，峡江站系列 1993 年后受其蓄泄影响。收集到峡江站 1953—2011 年共 59 年实测洪水资料，其中包含不受万安水利枢纽影响的 40 年洪水系列（1953—1992 年），满足《水利水电工程设计洪水计算规范》（SL 44—93）要求设计洪水计算具有 30 年以上实测洪水资料。本次设计分别对 1953—1992 年和 1953—2013 年系列进行施工期洪水计算。峡江站历年各月最大流量散布如图 2.3.7 所示。

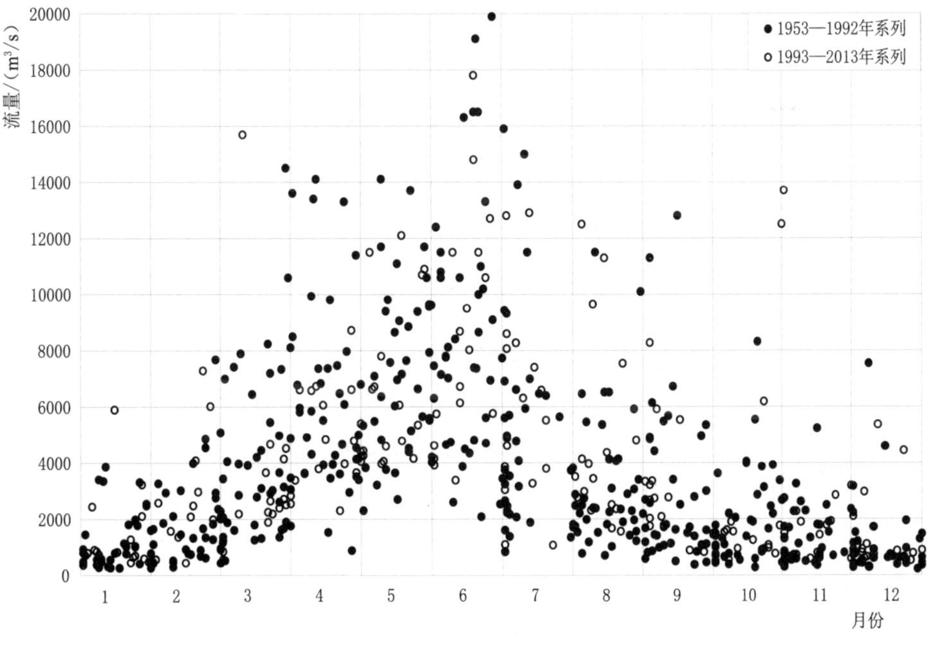

图 2.3.7 峡江站历年各月最大流量散布图

依据峡江站 1953—1992 年 40 年实测洪水资料，结合施工组织设计要求，进行施工分期，按独立不跨期选样原则在相应分期内选取最大流量，施工期设计洪水频率计算方法和采用的频率曲线适线原则、方法与全年最大洪水相同，对峡江施工期设计洪水进行计算，再按面积比的 2/3 搬至新干坝址。因新干坝址上游规划建有峡江水利枢纽工程，具有季调节性能，其满发流量为 4720m^3/s，峡江枢纽发电下泄水量会对下游新干坝址形成人造洪峰，因此偏于施工安全考虑，新干坝址各频率设计洪峰流量小于峡江枢纽满发流量均采用满发流量。峡江站、新干坝址施工期设计洪水成果见表 2.3.11，峡江站各分期洪水频率曲线如图 2.3.8 所示。

表 2.3.11　峡江站、新干坝址施工期设计洪水成果表
（峡江站 1953—1992 年实测系列分析）

时段	峡江站						新干坝址（峡江站移置分析）			新干坝址（考虑峡江发电流量影响）		
	流量均值/(m^3/s)	C_v	C_s/C_v	各频率设计洪峰流量/(m^3/s)			各频率设计洪峰流量/(m^3/s)			各频率设计洪峰流量/(m^3/s)		
				5%	10%	20%	5%	10%	20%	5%	10%	20%
1 月	1200	1.03	2.5	3680	2740	1820	3760	2800	1860	4720	4720	4720
2 月	2000	0.96	2.5	5860	4420	3030	5990	4520	3100	5990	4720	4720
3 月	4230	0.82	2.5	11200	8760	6320	11400	8950	6460	11400	8950	6460
4—7 月				19700	17400	14800	20100	17800	15100	20100	17800	15100
8 月	3240	0.90	2.5	9100	6970	4890	9300	7120	5000	9300	7120	5000
9 月	2820	1.10	2.5	9050	6600	4280	9250	6740	4370	9250	6740	4720
10 月	1920	0.95	2.5	5590	4220	2910	5710	4310	2970	5710	4720	4720
11 月	1300	1.00	2.5	3910	2930	1970	4000	2990	2010	4720	4720	4720
12 月	1070	1.20	2.5	3640	2590	1610	3720	2650	1650	4720	4720	4720
8 月—次年 3 月	5600	0.70	3.0	13400	10700	7920	13700	10900	8090	13700	10900	8090
8 月—次年 2 月	4810	0.77	3.0	12300	9520	6860	12600	9730	7010	12600	9730	7010
9 月—次年 3 月	5290	0.72	3.0	12900	10200	7510	13200	10400	7670	13200	10400	7670
9 月—次年 2 月	4100	0.84	3.0	11000	8400	5870	11200	8580	6000	11200	8580	6000

续表

时段	峡江站						新干坝址（峡江站移置分析）			新干坝址（考虑峡江发电流量影响）		
	流量均值/(m³/s)	C_v	C_s/C_v	各频率设计洪峰流量/(m³/s)			各频率设计洪峰流量/(m³/s)			各频率设计洪峰流量/(m³/s)		
				5%	10%	20%	5%	10%	20%	5%	10%	20%
10月—次年2月	3150	0.75	3.0	7890	6170	4480	8060	6300	4580	8060	6300	4720
11月—次年2月	2580	0.86	3.0	7040	5340	3690	7190	5460	3770	7190	5460	4720
11月—次年1月	1960	0.95	2.5	5700	4310	2970	5820	4400	3030	5820	4720	4720
12月—次年2月	2410	0.90	2.5	6770	5180	3630	6920	5290	3710	6920	5290	4720
年	11750	0.38	2.5	19700	17400	14800	20100	17800	15100	20100	17800	15100

注 峡江水利枢纽工程机组满发流量为4720m³/s，其中主汛期4—7月采用年设计洪水成果。

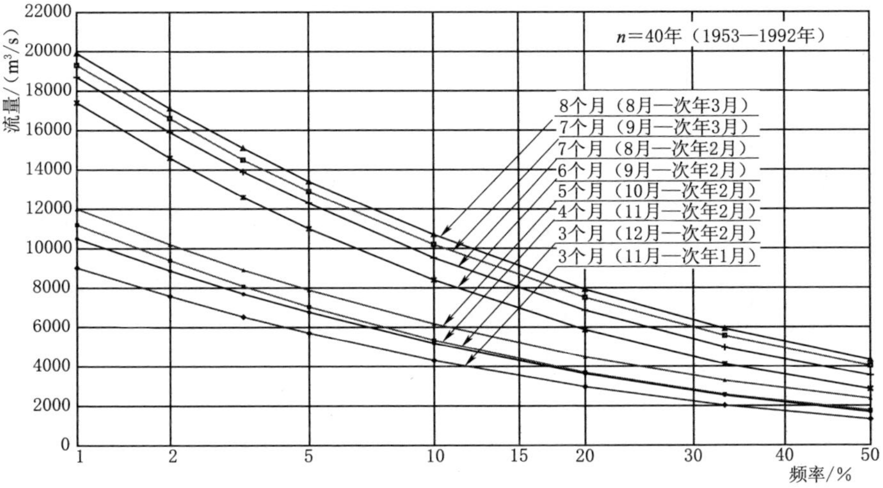

图 2.3.8　峡江站各分期洪水频率曲线图（1953—1992年实测洪水系列）

万安水库对小洪水调洪削峰作用很小或不削峰，从施工期安全考虑，分期洪水不考虑万安水库的调节洪削峰影响，峡江站分期内最大流量可不做还原。根据1953—2013年共59年实测洪水资料，按照与上相同的方法，并考虑正在建设峡江水利枢纽发电影响，对新干坝址施工期洪水计算，其中主汛期4—7月施工期洪水推荐采用年设计洪水成果。峡江站、新干坝址施工期设计洪水成果见表2.3.12，峡江站各分期洪水频率曲线如图2.3.9所示。

表 2.3.12　　峡江站、新干坝址施工期设计洪水成果表
（峡江站 1953—2013 年实测系列分析）

时段	峡江站						新干坝址（峡江站移置分析）			新干坝址（考虑峡江发电流量影响）（采用成果）		
	流量均值/(m³/s)	C_v	C_s/C_v	各频率设计洪峰流量/(m³/s)			各频率设计洪峰流量/(m³/s)			各频率设计洪峰流量/(m³/s)		
				5%	10%	20%	5%	10%	20%	5%	10%	20%
1 月	1280	1.00	2.5	3850	2880	1940	3930	2940	1980	4720	4720	4720
2 月	2100	0.96	2.5	6150	4640	3180	6280	4740	3250	6280	4740	4720
3 月	4180	0.82	2.5	11000	8620	6240	11200	8810	6380	11200	8810	6380
4—7 月				19700	17400	14800	20100	17800	15100	20100	17800	15100
8 月	3800	0.90	2.5	10600	8160	5730	10800	8340	5860	10800	8340	5860
9 月	3050	0.90	2.5	8540	6550	4600	8730	6690	4700	8730	6690	4720
10 月	2150	0.95	2.5	6250	4730	3260	6390	4830	3330	6390	4830	4720
11 月	1550	1.00	2.5	4670	3490	2350	4770	3570	2400	4770	4720	4720
12 月	1350	1.00	2.5	4060	3040	2050	4150	3110	2090	4720	4720	4720
8 月—次年 3 月	5920	0.75	3.0	14800	11600	8430	15100	11900	8610	15100	11900	8610
8 月—次年 2 月	5020	0.78	3.0	12900	9980	7160	13200	10200	7320	13200	10200	7320
9 月—次年 3 月	5360	0.76	3.0	13500	10500	7640	13800	10700	7810	13800	10700	7810
9 月—次年 2 月	4150	0.84	3.0	11200	8490	5940	11400	8680	6070	11400	8680	6070
10 月—次年 2 月	3170	0.85	3.0	8590	6510	4540	8780	6650	4640	8780	6650	4720
11 月—次年 2 月	2810	0.86	3.0	7670	5790	4020	7840	5920	4110	7840	5920	4720
11 月—次年 1 月	2060	0.95	2.5	5990	4530	3120	6120	4630	3190	6120	4720	4720
12 月—次年 2 月	2500	0.90	2.5	7000	5370	3770	7150	5490	3850	7150	5490	4720
年	11750	0.38	2.5	19700	17400	14800	20100	17800	15100	20100	17800	15100

注　峡江水利枢纽工程机组满发流量为 4720m³/s，其中主汛期 4—7 月采用年设计洪水成果。

对比峡江站 1953—1992 年和 1953—2011 年实测洪水系列分析结果，59 年资料分析施工期设计洪水成果稍大于 40 年资料成果，洪水系列加长后，样本代

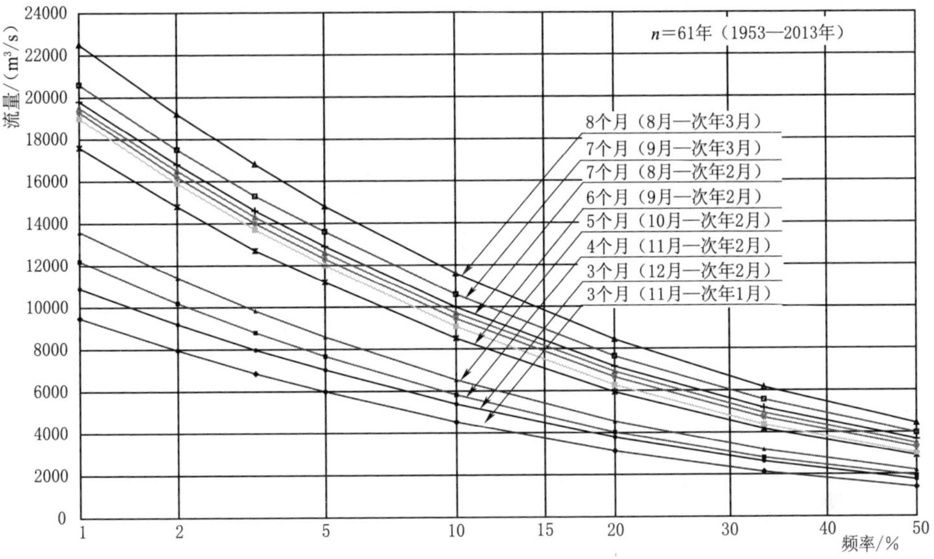

图 2.3.9 峡江站各分期洪水频率曲线图（1953—2013 年实测洪水系列）

表整体可靠性更强，如峡江站 1998 年 3 月 10 日发生 15700m^3/s 的洪水，2002 年 10 月 31 日发生 12500m^3/s 的洪水等，这些在 1953—1992 年的系列中从未发生。从施工安全角度考虑，施工期洪水采用 1953—2013 年 61 年长系列计算成果。

11. 库区主要支流设计洪水

库区内主要有 5 条较大支流：赣江右岸的溧江、湄湘河、沂江，赣江左岸的象口河和盘龙江。上述各支流上均无实测水文资料，采用小流域地区综合法推求各支流设计洪水。因为沂江流域面积较大，所以采用水文比拟法对比分析沂江设计洪水。

（1）小流域地区综合法。

首先采用《江西暴雨洪水查算手册（2010 版）》（以下简称《手册（2010 版）》），然后在《江西省暴雨洪水查算手册（86 版）》（以下简称《手册（86 版）》）的基础上，将水文资料系列由 1984 年延伸到 2005 年，暴雨系列资料增加，特别是 1998 年长江流域性大洪水的暴雨资料加入，对暴雨系列代表性和设计暴雨经度有较大提高。本阶段采用《手册（2010 版）》计算各支流设计洪水。

依据《手册（2010 版）》，集水面积大于 50km^2 的采用瞬时单位线法计算；集水面积小于 30km^2 的采用推理公式法计算；集水面积在 30～50km^2 的流域，为两种方法的过渡级，一般采用推理公式法，当工程规模属中型或较重要，宜采用瞬时单位线法计算。沂江流域面积为 929km^2，相对较大，采用瞬时单位线法计算时，用三日暴雨推求设计洪水，其他支流采用24h暴雨推求设计洪水。各支流流域不同时段设计暴雨成果和流域参数见表2.3.13和表2.3.14。

表2.3.13 主要支流不同时段设计暴雨成果表

河名	暴雨参数							
	最大1h		最大6h		最大24h		最大3d	
	均值/mm	C_v	均值/mm	C_v	均值/mm	C_v	均值/mm	C_v
潦江	45	0.40	69	0.50	120	0.50		
湄湘河	45	0.40	68	0.50	121	0.48		
沂江	45	0.40	72	0.50	124	0.49	164	0.46
象口河	45	0.40	68	0.50	113	0.45		
盘龙江	45	0.40	67	0.50	111	0.45		

表2.3.14 主要支流产汇流参数统计表

河名	分区		暴雨点面折减系数				产流参数		汇流参数
	产流	瞬时单位线	最大1h	最大6h	最大24h	最大3d	流域最大蓄水量/mm	前期土壤含水量/mm	瞬时单位线参数n
潦江	Ⅳ	Ⅳ	0.934	0.944	0.977		130	80	3
湄湘河	Ⅳ	Ⅳ	0.939	0.949	0.979		130	80	2
沂江	Ⅳ	Ⅳ	0.792	0.820	0.916	1.000	130	80	3
象口河	Ⅳ	Ⅳ	0.965	0.971	0.988		130	80	2
盘龙江	Ⅳ	Ⅳ	0.913	0.926	0.969		130	80	3

各时段暴雨均值及C_v值由《手册（2010版）》查得。根据选定的设计暴雨参数（$C_s=3.5C_v$）及流域特征参数，按$C_s=3.5C_v$推求各支流设计暴雨，因各支流面积均大于50km^2，采用瞬时单位线法推求设计洪水。主要支流流域参数及设计洪水成果见表2.3.15。

表2.3.15 主要支流流域参数及设计洪水成果表

河名	流域参数			设计洪水/(m^3/s)			
	面积/km^2	河长/km	比降/‰	2%	5%	10%	20%
潦江	210	34.9	2.24	904	660	488	332
湄湘河	189	30.4	1.34	682	508	376	252

续表

河名	流域参数			设计洪水/(m^3/s)			
	面积/km^2	河长/km	比降/‰	2%	5%	10%	20%
沂江	929	98.3	0.88	2930	2300	1810	1330
象口河	100	18.4	1.81	399	300	224	149
盘龙江	287	32.3	1.43	888	670	502	333

（2）水文比拟法。

由于沂江流域面积相对较大（929km^2），为分析其设计洪水的合理性，采用水文比拟法进行对比分析。选取水文气象条件和下垫面条件与沂江流域较为相似、流域面积较为接近的临近站，赣江支流蜀水林坑站作为参证站。根据林坑站1957—2005年49年实测最大洪峰流量加上1918年、1952年历史洪水系列分析计算的设计洪水，按面积比的2/3次方推算沂江设计洪水，见表2.3.16。

表2.3.16　　林坑站和沂江设计洪水分析表

项目	面积/km^2	均值/(m^3/s)	C_v	C_s/C_v	设计洪水/(m^3/s)			
					2%	5%	10%	20%
林坑站	994	666	0.60	3.0	1800	1460	1190	922
沂江（水文比拟法）	929				1720	1400	1140	811
沂江（小流域综合法）					2930	2300	1810	1330

由上分析成果可见，水文比拟法分析沂江设计洪水小于小流域地区综合法推求成果。根据《手册（2010）版》，林坑站最大24h暴雨量100mm，沂江最大24h暴雨量124mm，沂江流域的暴雨量大于林坑站，采用水文比拟法推求沂江洪水会偏小，出于工程运行安全角度考虑，推荐采用小流域地区综合法计算成果。

2.3.4　泥沙（以新干水利枢纽为例）

赣江及其支流的泥沙主要来源于雨洪对表土的侵蚀。赣江流域除平江20世纪80年代以前水土流失较严重外，其他地方及平江20世纪90年代以后的植被均良好，水土流失不甚严重，因此，赣江属少沙河流。

1. *悬移质泥沙*

据赣江各测站实测泥沙资料统计分析，赣江的悬移质泥沙年际年内变化规律与径流基本一致，丰水多沙，枯水少沙，泥沙主要集中在主汛期4—6月，该时期的输沙量占全年的63.8%～67.2%。

（1）测站悬移质泥沙。

新干坝址处无实测水文站。坝址上游约116km处有吉安水文站，集水面积

$56223km^2$，于1956年开始实测悬移质泥沙至今；坝址上游约52km处有峡江水文站，集水面积$62724km^2$，于1958年开始实测悬移质泥沙至今；距坝址下游约29km处有石上站，集水面积$72760km^2$，有1957年实测泥沙资料，1998年停测。本章收集到吉安站1956—2008年共53年、峡江站1958—2008年共51年，石上站1966—1997年共30年资料（1979、1980年资料未收到）的实测悬移质泥沙资料。根据《江西省水文手册》（1973年），石上站1957—1970年泥沙整编资料偏小，且集水面积相对新干坝址偏大，因此，本章新干坝址泥沙计算主要参照集水面积较为接近且资料较为可靠的峡江水文站。

由于万安水库1993年下闸蓄水，拦截了一部分泥沙，吉安站和峡江站所测到的悬移质泥沙明显偏少，据吉安站、峡江水文站1993—2008年16年的实测悬移质泥沙资料统计：吉安站1993—2008年的多年平均输沙率和输沙量及其输沙模数不到全系列的42%，1993—2008年的多年平均输沙率和输沙量及其输沙模数仅为万安建库前的32%～34%，而多年平均流量则比全系列或比万安建库前增大7.8%或11.9%。峡江站1993—2008年的多年平均输沙率和输沙量及其输沙模数不到全系列的一半，而多年平均流量则比全系列或比万安建库前增大7.5%或11.3%。说明万安水库16年来拦截了上游来的大部分泥沙。吉安站、峡江站不同时段泥沙特征值比较见表2.3.17。

（2）新干坝址悬移质泥沙。

新干坝址与峡江水文站集水面积较为接近，且峡江站泥沙资料施测时间长，资料可靠。峡江站至新干坝址区间无较大支流汇入，水土流失较轻，河流中的含沙量低，因此，新干坝址的悬移质泥沙可采用峡江水文站的实测悬移质泥沙资料进行分析计算。

由于万安水库拦截了上游来的大量泥沙，自万安水库建成后其坝址下游的泥沙明显减少，而且万安水库以后还将继续拦沙，但随着万安水库淤积量的增多，其拦沙率将减少。因此，新干坝址悬移质泥沙多年平均输沙量将比采用峡江站1993年以后的泥沙系列统计值计算大，又比采用峡江站1992年以前的泥沙系列统计值计算小。经分析，万安水库建成前峡江站输沙模数约为建库后输沙模数的3倍，若取建库后的输沙模数会略偏小，而取建库前的会明显偏大，因此折中考虑，并参考上游梯级计算方法，取万安建库前、后输沙量的平均值，即本设计阶段新干坝址悬移质泥沙多年平均输沙量按峡江站1993年以后泥沙系列统计值的3/2倍并按水量缩放进行估算，据此估算得新干坝址悬移质泥沙多年平均输沙量为563万t，多年平均输沙模数为$86.9t/km^2$。

2. 推移质泥沙

赣江流域自1972年开始在棉津、峡山、翰林桥、居龙滩、坝上水文站进行推移质泥沙测验工作。以上5个水文站在1972—1987年间进行推移质泥沙测验

表 2.3.17　吉安站、峡江站不同时段泥沙特征值比较表

站名	集水面积 /km^2	时　间	年平均流量 /(m^3/s)	年平均输沙率 /(kg/s)	最大日输沙率 /(kg/s)	相应出现时间 (年-月-日)	年平均输沙量 /万 t	输沙模数 /(t/km^2)	年平均含沙量 /(kg/m^3)	最大断面含沙量 /(kg/m^3)	相应出现时间 (年-月-日)
吉安	56223	1956—2008 年	1459	232	14800	1969-08-10	725	129	0.155	3.35	1969-08-10
		1956—1992 年	1405	291	14800	1969-08-10	908	162	0.200	3.35	1969-08-10
		1993—2008 年	1572	95.4	5330	2002-06-17	301	53.5	0.059	1.45	1996-09-12
		1993 年后与 1992 年前特征值之比值	1.119	0.328	0.360	/	0.331	0.331	0.295	0.433	/
		1993 年后与全系列特征值之比值	1.078	0.412	0.360	/	0.415	0.415	0.380	0.433	/
峡江	62724	1958—2008 年	1644	248	9920	1969-08-10	776	124	0.149	1.86	1985-08-27
		1958—1992 年	1587	309	9920	1969-08-10	964	154	0.189	1.86	1985-08-27
		1993—2008 年	1767	115	6260	1994-06-18	363	57.9	0.063	0.711	2002-09-16
		1993 年后与 1992 年前特征值之比值	1.113	0.373	0.631	/	0.377	0.377	0.335	0.382	/
		1993 年后与全系列特征值之比值	1.075	0.464	0.631	/	0.468	0.468	0.423	0.382	/

的次数分别为286次、423次、297次、317次、265次，平均推悬比分别为0.163、0.115、0.476、0.555、0.349。影响推移质泥沙的因素很多，根据目前的技术及其测验手段和仪器，测验资料精度不高，泥沙的推悬比与各项水文要素的关系都很差。因此，本设计阶段根据流域面积、河道比降及坝址所处的河段参考以上各站的推悬比确定新干坝址的泥沙推悬比，以估算新干坝址的多年平均推移质输沙量。经分析，新干坝址的泥沙推悬比取0.15比较合适。据此可估算得新干坝址多年平均推移质年输沙量为84.5万t。新干坝址悬移质泥沙特征值见表2.3.18。

表2.3.18　　新干坝址悬移质泥沙特征值表

项目	集水面积/km^2	年平均流量/(m^3/s)	年平均输沙率/(kg/s)	最大日输沙量/(kg/s)	年平均输沙量/万t	输沙模数/(t/km^2)	年平均含沙量/(kg/m^3)	最大断面含沙量/(kg/m^3)
数值	64776	1690	178	6464	563	86.9	0.106	0.711

注　1. 最大日输沙率由峡江站1994年6月18日输沙率换算而得；
2. 最大断面含沙量为峡江站2002年9月16日断面含沙量。

3. 新干坝址总沙量

新干坝址的总沙量为新干坝址悬移质输沙量与推移质输沙量之和。据上述方法估算，新干坝址多年平均总输沙量为648万t。

4. 悬移质泥沙颗粒级配

峡江水库设计采用吉安站（位于峡江水库末端）悬移质泥沙颗粒级配资料，本章也采用该成果。根据吉安站1970—2007年的悬移质泥沙颗粒分析资料可知，悬移质泥沙的颗粒不大，实测最大粒径为1.55mm，平均粒径0.046mm，中数粒径0.016mm，粒径小于0.10mm的悬移质泥沙占悬移质总沙量的89.5%。新干坝址（吉安站）多年平均悬移质泥沙颗粒级配见表2.3.19。

表2.3.19　　新干坝址（吉安站）多年平均悬移质泥沙颗粒级配表

时段	粒径级/mm									中数粒径/mm	平均粒径/mm	最大粒径/mm
	0.007	0.010	0.025	0.050	0.100	0.250	0.500	1.000	2.000			
	平均小于某粒径的沙重百分数/%											
1970—2007年	31.69	41.49	60.87	75.61	89.48	95.99	99.46	99.98	100.00	0.016	0.046	1.55
1970—1992年	31.29	39.05	56.90	71.50	88.12	96.06	99.43	99.97	100.00	0.019	0.050	1.55
1993—2007年	32.32	45.23	66.95	81.93	91.55	95.89	99.49	100.00		0.012	0.040	0.894

从表2.3.19中可以看出，1993年万安水库下闸蓄水后，吉安站的悬移质泥沙粒径有了明显的减小。说明万安水库下闸蓄水后，万安坝址以上的粗砂基本上被拦截淤积在万安水库内。

2.4 水运概况

2.4.1 航运现状

1. 航道概况

赣江为江西省第一大河流，是江西的水运大动脉，已被列为全国水运主通道。“十二五”期间，江西省重点建设了赣江高等级航道，建成了南昌至湖口175km二级航道、石虎塘航电枢纽、峡江水利枢纽，新增二级航道175km、三级航道115km，新干航电枢纽、龙头山枢纽已开工建设。2015年末，赣江赣州—湖口606km高等级航道，达标里程425km，达标率70.1%。

干流航道赣州—湖口全长606km，可分为四段。赣江航道现状见表2.4.1，自下而上各段的基本情况如下。

表2.4.1 赣江航道现状表

序号	河段（起—讫点）	航道等级	航道里程/km	航道尺度/m			过船建筑物/座
				水深	航宽	弯曲半径	
1	赣州—万安	Ⅵ	95	1.0	30	200	1
	其中：万安库区	Ⅲ	60				
2	万安—吉安	Ⅵ	112	0.9	45	210	1
	其中：石虎塘库区	Ⅲ	38				
3	吉安—樟树	Ⅴ	149	1.0	50	250	1
	其中：峡江库区	Ⅲ	77				
4	樟树—南昌	Ⅲ	75	2.2	60	480	
5	南昌—湖口	Ⅱ	175	2.8	75	550	
合计			606				

（1）赣州—万安。

赣州—万安大坝属赣江上游，长95km，原河段狭窄，多急流险滩，是航行最困难的河段，1993年7月万安枢纽初期蓄水运行后，成为库区，水面宽约800m，最宽处达1300m。万安枢纽位于万安县城上游2km处，坝高104m，设计总库容22.16亿m^3，建有船闸一座，闸室有效尺寸为175m×14m×2.5m（长×宽×槛上水深），最大水头32.5m，可通航500吨级船队，1000吨级船舶单船过闸，并预留了二线船闸位置。万安枢纽设计正常蓄水位为100m（吴淞），回水可至赣州上游18.9km处的信丰江口。目前正常蓄水位为96m，回水至赣州上游7km处的梅林镇。赣州站原最低设计通航水位为

92.44m（吴淞），现在万安枢纽的运行水位为85～96m（吴淞），一年中有半年时间回水达不到赣州，低水位时回水在赣州市下游的小湖洲尾，距赣州约35km，库尾航道仍然处于天然状态，由于泥沙淤积，枯水航道水深仅0.8m，需靠经常性维护才能通航，维护等级为Ⅵ级，常年可通航100吨级的船舶。

（2）万安—樟树。

中游自万安大坝—樟树铁路桥长261km，枯水比降0.17‰。有沙质浅滩107处，20世纪60—80年代相继进行了整治，整治浅滩89处，航道等级为Ⅵ级，枯水航深为0.8～1.2m，可常年通航100吨级船舶，其中吉安至樟树149km为Ⅴ级航道，中水可航行500吨级船队。2011年年底，石虎塘枢纽下闸蓄水后，其库区38km航道达到Ⅲ级标准；2013年峡江水利枢纽下闸蓄水后，其库区77km航道达到Ⅲ级标准。

（3）樟树—南昌。

樟树—南昌75km，流经冲积平原，地势较低，两岸筑有圩堤，属平原河流，河床质多中、粗砂，枯水平均比降0.082‰，河道微弯，枯水河槽宽浅，一般为400～700m，河段内多为汊道、交错和复式浅滩，浅滩枯水流速一般为0.7～1.2m/s，最大为0.7～1.2m/s，本河段共有江心洲19个，有的河床断面上有两个江心洲，将水流分为三汊，区间有消江、丰城内港、赣抚运河、锦河四条支流汇入。该河段在2000—2002年间进行了Ⅴ级航道整治工程，整治效果明显，300吨级船舶可常年通航，中洪水位通航500吨级双排双列顶推船队。“十二五”期间，赣江（樟树—南昌）开展了Ⅲ级航道建设，可常年通航1000吨级的船舶。

（4）南昌—湖口。

南昌—湖口河段位于赣江下游，全长约175km，属湖区河段。河段在铁河口以上的两岸建有连续的防洪圩堤，中枯水河势主要受两岸宽窄相间的洲滩地形控制，洪水河势受左右岸的防洪圩堤控制，河段呈明显的河流特征。铁河口以下为环鄱阳湖圩堤，水位高时以湖泊为主体，水位低时以沼泽为主体，河段表现为河湖两相特征，呈现“洪水一片水连天，枯水一线滩无边”的自然景观，洪、枯水的湖体面积、湖体容积相差极大。

该河段顺直微弯，弯曲系数1.2～1.3。在铁河口以上，洪水河宽为390～2200m，枯水河宽一般为200～700m。铁河口以下鄱阳湖区，中枯水河宽基本一致，褚溪河口以上河段中枯水河宽为125～600m，褚溪河口以下则增宽至400～1650m。河道内分流口两个，分别为赣江东、西河分流，西河西、北支分流。汇流口三个，分别为修河、博阳河及饶河汇流。航道曾于1988—1992年间进行了Ⅳ级航道整治工程，于2002—2004年又进行了Ⅲ级航道整治工程，并于2007年进行了竣工验收。“十二五”期间，南昌至湖口175km航道提升到Ⅱ级标准，2000吨级船舶全年可由长江经九江直达南昌。

2. 航运发展现状

赣江是江西省最重要的水运通道，畅通的赣江黄金水道，引来了八方商贾如云，在江西省的国民经济建设中发挥了重要作用。

由于赣江航道各段等级差距大，高航道不能贯通，赣江通航能力大大降低，而公路、铁路的高速发展，又分流了一部分赣江水上货物运输，导致赣江运输量增长缓慢，在区域综合交通经济中的比重逐年下降，货物运输也局限在砂石、木材、水泥、石油、化肥、饲料、粮食等物资上。客运方面则以水上旅游观光及区间短途客运为主，长途客运已逐步退出水运市场。

从船舶运力来看，近年来江西省严格营运资质管理，逐步淘汰了经营效益差、安全管理水平低、无市场竞争力的弱、散、小企业，鼓励、支持企业兼并重组、做大做强，极大地推动了船舶运力结构优化调整。内河大吨位干散货船和江海直达货船成为运输主力军，内河集装箱船、LNG 混合动力船从无到有。船型标准化和船舶大型化、专业化、节能化成果逐步显现。2024 年，江西省运输船舶 2365 艘，运力规模达到 745.2 万载重吨、平均载重吨 3151t，船舶大型化趋势明显。较“十三五”分别增长 22%、135%、93%，船舶运力规模持续扩大。水路运输量提速增长，2024 年 1—11 月完成水路货运量 1.6 亿 t，港口吞吐量 2.6 亿 t，其中集装箱吞吐量 103.5 万标箱，同比分别增长 8.1%、6.5%、16.9%。船闸通过量迅猛增长，2024 年 1—11 月，全省船闸过闸总计 1.4 万次，过闸船舶 3.9 万艘，过闸船舶总吨位 4962.4 万 t，货物通过量 3041.6 万 t，同比分别增长 108.3%、193.9%、211.2%、183.2%。

全省内河货船的运力结构也发生根本变化，机动货船运力比重明显上升，载重吨从十几吨到数千吨，包括干散货船、油船、集装箱船及少量化学品船、散装水泥船等，驳船已基本退出历史舞台。

赣江依托其优越的航运条件，在赣江沿江产业带和腹地经济发展、矿产资源开发中发挥了重要的作用。2024 年 1—11 月，江西省完成水路货运量 1.6 亿 t，港口吞吐量 2.6 亿 t，其中集装箱吞吐量 103.5 万标箱，同比分别增长 8.1%、6.5%、16.9%。

矿建材料是赣江最主要的运输物资，根据江西省港航局提供的资料，2019 年矿建材料吞吐量总计 36517076t（外贸 26158t，内贸 36490918t）；出港（出口）30142611t（外贸 25672t，内贸 30116939t）；进港（进口）6374465t（外贸 486t，内贸 6373979t）。

赣江高等级航道运输货流主要集中在通航条件最好和运输最旺盛的南昌以下河段，其中航道货流密度最大的航段为九江航段，约占赣江运量的 70%，其次为南昌航段，约占赣江运量的 12%，吉安、宜春、赣州地区则紧随其后。

井冈山航电枢纽位于吉安地区，根据货运量流量、流向数据统计，通过井冈山航电枢纽断面的货物运输量约 206 万 t，其中赣州与下游地区的运输量为约 26 万 t，万安、泰和地区通过井冈山航电枢纽断面的水运量约 180 万 t。

3. 港口现状

“十三五”时期以来，建成九江红光国际港等 23 座现代化码头，新增（含新建、改造）千吨级以上码头泊位 77 个，千吨级以上泊位比例由 10%上升至 44%，港口规模不断壮大。截至 2023 年年底，全省共有港口生产性泊位 533 个，其中，千吨级以上深水泊位 234 个，客运码头泊位 265 个；设计年通过能力 2.64 亿 t，集装箱吞吐能力 145.1 万 TEU。2023 年，全省完成港口货物吞吐量 26889.2 万 t，货物周转量 493.1 亿 t·km，分别同比增长 19.0%和 19.1%。全年完成港口货物吞吐量 2.69 亿 t，比上年增长 19.0%；完成集装箱吞吐量 100.3 万 TEU，比上年增长 13.4%。

港口码头规模不断发展，先后建成九江港城西外贸码头、南昌国际集装箱码头、南昌龙头岗综合码头、九江港瑞昌港区理文物流、城西港区九鼎物流、城东港区省煤炭中心等一批大型化、专业化码头项目，正在建设九江港红光综合码头等项目。截至 2019 年年底，全省拟建、在建、现有码头共 177 座、泊位数 463 个，其中现有码头 129 座、泊位数 271 个，在建码头 9 座、泊位数 22 个，拟建码头 39 座、泊位数 170 个。港口码头建设规模化、专业化趋势明显。

井冈山航电枢纽上游主要港口有赣州港以及吉安港的泰和港区、万安港区，现状长途货运量比较少，主要以区间货运量为主，港口主要概况如下。

（1）吉安港。

吉安市境内所有港口码头归属于一个大吉安港，吉安港下设新干港区、峡江港区、吉水港区、吉安市港区、吉安县港区、泰和港区、万安港区等七大港区（从下游至上游）。2024 年港口吞吐量突破历史新高，达到 301.6 万 t，同比增长 159.3%。

泰和港区，主要为泰和县及附近工业园区的部分原材料、产成品提供运输服务，2010 年完成吞吐量 160 万 t。

万安港区，主要为万安县及附近工业园区的部分原材料、产成品提供运输服务，2010 年完成吞吐量 140 万 t。

（2）赣州港。

赣州港包括城区港区、赣县港区、南康港区、于都港区、信丰港区，2014 年年底，赣州地区泊位数约 501 个，泊位总长度 15469m，综合通过能力 1944 万 t，其中赣州城区港区现有各类码头 85 座，其他县区现有各类码头 416 座，最大靠泊能力 300t。2014 年全港完成吞吐量 1669 万 t。

2.4.2 运量预测（以井冈山航电枢纽为例）

1. 预测思路

依据区域社会经济发展趋势、赣江流域航道条件以及相关规划，结合赣江历年货运量统计数据成果，采用弹性系数、回归分析等方法，对整个赣江货物货运量进行定量预测，并结合目前赣江航运运量分布特点以及今后的发展趋势，初步确定井冈山航电枢纽过坝总货运量的发展水平。

根据井冈山航电枢纽腹地各个县区的经济发展、产业布局和主要货种的运输需求，根据分货种的产运销平衡分析，预测井冈山航电枢纽断面货运量。

2. 总货运量预测

主要依据江西省社会经济发展特点与趋势，结合赣江内河航运实际情况以及赣江沿线的内河货运量发展趋势，综合预测赣江航运运量。

（1）相关规划。

《江西省内河水运“十三五”发展规划》提出江西省水路运输腹地经济正由工业化中期向后期迈进，“十三五”期间，随着腹地经济的加快发展和承接产业转移的不断深入，江西省内河水运在总体规模继续扩大的同时，也面临着结构调整的要求。

综合分析腹地经济发展和人民生活水平提高带动的运输需求的增长，以及临港产业开发及重大产业项目衍生的运输需求，考虑综合交通路网布局和发展格局对江西内河货运量发展水平的影响，采用时间序列、回归分析、弹性系数等多种方法确定江西省水运货运量发展水平。2024 年全省共有水路运输经营业户 242 家，其中水路货运企业 200 家（其中普货运输企业 182 家，危险品运输企业 18 家），客运企业 20 家，个体经营户 22 家。全省水路运输完成货运量 1.63 亿 t，货物周转量 493.1 亿 t·km，水路货运主要集中在长江（江西段）、赣江和信江等航道。货种主要为矿石、煤炭等散货以及钢材等件杂货，流向主要为长江下游。水路客运主要集中在通航条件较好的长江、赣江、鄱阳湖区以及水库库区等，以旅游运输为主。预计 2030 年，江西省内航道的货运总量将达到 4 亿 t。

（2）赣江总货运量需求分析。

2018 年年底，全省港口吞吐量、集装箱吞吐量分别达 2.45 亿 t 和 62.24 万标准箱，其中，南昌和九江港货物吞吐量占全省港口吞吐量的 67.7%，九江港吞吐量达 1.37 亿 t，南昌港吞吐量达 2883 万 t。全省拥有营运船舶 2061 艘、230 万载重吨，水路运输货运量 1.15 亿 t。

2020—2030 年是内河货运量稳定发展的时机，但由于国民经济增长速度的放缓，由于货运量和国民经济高度相关，内河货运量的发展速度将很难提高，更多的是运输结构的完善，年均增长速度约为 2%，预计 2030 年赣江内河货运量为3亿t。

2030—2050年增长速度与国民经济的发展特点，综合运输体系密切相关，水运发展一般需经历较快增长期和缓慢增长期。如密西西比河1980年之前是快速增长期，20世纪末期的20年间，货运量呈现出稳定缓慢增长态势，年均增长率仅为0.3%左右，运量基本趋于平稳。

参考国外典型内河航运发展历史，内河水运在经历20～30年的高速发展后，水运量增速逐步放缓，运量基本保持平稳。预计赣江2030—2050年年均增长速度约为0.5%，2050年赣江内河货运量达到3.5亿t。赣江货运量发展趋势见表2.4.2。

表2.4.2　赣江货运量发展趋势表　单位：万t

规划水平年	GDP-运量（回归模型）	弹性系数	综合分析
2014年	18071		
2020年	20850	24952	25000
2030年	24879	31630	30000
2050年	28596	37838	35000

从目前已有的赣江运量统计资料分析，井冈山航电枢纽坝址断面以上地区（包括万安、泰和、赣州）的赣江运量约927万t，约占赣江总运量的5%，主要以区间运输为主。随着赣江梯级电站逐步建设完成，赣州至湖口高等级航道逐步贯通，井冈山航电枢纽坝址断面以上地区水路货运量占赣江总运量的比例有所提升。

经初步分析，2014年通过井冈山航电断面的货物运输量约206万t（约20%的上游地区货物需要通过井冈山航电枢纽断面），其中赣州与下游地区的运输量为约26万t，万安、泰和地区需通过井冈山航电枢纽断面的水运量约180万t。未来考虑赣江高等级航道贯通，赣江上下游地区水运货物交流将更加频繁，初步预测上游地区约30%～40%的货物需要通过井冈山航电枢纽断面。

3. 分货类运量预测

根据腹地经济、产业发展趋势分析以及赣江货运量发展现状分析，井冈山航电枢纽主要过坝货类是矿建材料、煤炭、矿石石油、天然气及制品，以及其他货物，对腹地主要货物的产运销情况进行分析，综合预测过坝货运量。

（1）矿建材料。

矿建材料是腹地水路货物运输第一大货种，其运输具有沿江开采、就近港口码头中转上岸的特点。近年来，江西省矿建材料水路运输量呈迅速增加，除赣、信、抚、修、锦、袁河等部分中小港口完成的短途砂卵石运输量外，大部分湖区砂石运往湖北、安徽、江苏和上海等地。矿建材料运量激增的原因主要是从 1998 年起长江干流砂石采掘受到严格控制，不能满足长三角地区的需求，而鄱阳湖以及五湖地区河床中蕴藏着大量优质的砂、卵石，除满足腹地内需求外，大部分运往长江沿线的江苏、浙江、上海、安徽等地，大量采砂船舶开始进入鄱阳湖地区、赣江等地，并逐步沿赣江下游向上游延伸。腹地内河道蜿蜒于冲积平原之中，河沙丰富且品质好，吉安站多年平均汇入的泥沙总量约为 349 万 t（万安建库后），优质的矿砂资源为赣江主要水路运输物资。

国家提出新型城镇化建设、攻坚扶贫等政策，腹地的砂石量的需求仍将会保持较大的运量需求，由于腹地内矿建材料储量丰富，建筑用砂石储量大且质量好，因此需求仍将维持在较高水平；远景，由于生态环境要求，对于开山采石以及在河道中无序挖沙的行为将逐步得到控制，此外新型建筑材料的改进与开发，也将影响砂石需求，预测 2030 年以后砂石运输基本维持不变。

综合上述分析，2014 年万安、泰和等地区矿建材料水运量约 300 万 t，2020 年矿建材料运量 500 万 t，2030 年矿建材料运量 800 万 t，之后基本维持不变。

初步考虑矿建材料约 50%的运量需要通过井冈山航电枢纽断面，据此分析，2020 年矿建材料过坝运量 250 万 t，2030 年矿建材料过坝运量 400 万 t，2050 年矿建材料过坝运量基本维持不变约 400 万 t，矿建材料水路运输以下行为主。

（2）煤炭。

煤炭是赣江的传统大宗物资之一，赣江上游已建有赣州华能瑞金电厂，位于赣县茅店镇上坝村陈屋，距赣江仅 1.5km，装机容量为 2×300MW＋2×660MW，一期工程建设 2×300MW 燃煤发电机组，已经于 2009 年投产，年耗煤约 200 万 t，电厂自建铁路专线，煤炭运输近期主要依靠铁路；二期于 2012 年投产，项目全部投产后华能瑞金电厂的总装机容量可达 2020MW，年需要煤炭约 650 万 t。该电厂临近赣江主航道，为减少运输成本，随着赣江的升级改造，煤炭可通过水路运输。

由于目前赣江航道不连续，腹地所需煤炭逐渐转为陆路运输（主要是铁路），部分煤炭是通过铁路直接从产地进行运输；部分为海运到福建沿海港口，然后转铁路运输。蒙华铁路于 2019 年 10 月 1 日通车，北起内蒙古鄂尔多斯，终点为江西吉安。吉安以上赣州地区由于腹地铁路干线的运力已基本接近饱和，随着国民经济的发展，铁路运输压力会越来越大，特别是寒、暑假及春运等客运高峰期，铁路货运往往不能得到很好保证，因此，需充分利用水运作为煤炭运输补充运输方式。

煤炭作为最适合水运的大宗物资，航道等级的提升为煤炭水运创造了条件，水路运输相比陆路运输将更为经济合理，腹地调入的煤炭将有部分转移到水运上来。

根据煤炭流向，腹地煤炭主要从北方（内蒙古、山西、陕西、安徽等地）

调入煤炭供赣州工农业生产用。

(3) 矿石。

赣州矿产资源丰富，素有“世界钨都”“稀土王国”之称，赣州国民经济和社会发展“十三五”规划的建议提出打造特色产业集群。立足资源优势和产业基础，坚持集约发展，以工业园区为载体，引导关联产业集中布局，努力形成稀土新材料及应用、钨新材料及应用、新能源汽车及配套、电子信息、铜铝有色金属、以家具为主的现代轻纺、食品七大千亿主导产业及生物制药、氟盐化工、新型建材等若干个超百亿产业集群，将赣州建设成全国稀有金属产业基地和先进制造业基地、全省战略性新兴产业创新基地和生产基地。

规划建设全国知名的稀有金属产业聚集区，把赣州建设成为全国重要的稀土稀有金属产业基地、稀土稀有金属产学研合作创新示范基地和南方离子型稀土与稀有金属战略资源储备基地。

综上分析，2020 年矿石货运量约 30 万 t，2030 年矿石货运量 60 万 t、2050 年矿石货运量可达到 80 万 t 左右。

(4) 石油、天然气及制品。

腹地内石油资源匮乏，所需石油制品均需从外地调入，长三角及长江沿线地区是我国石化工业布局的密集带，共有 10 家大型石化企业。腹地所需石油及制品主要由长江沿线的炼油厂（九江、南京等地）供给，而赣江中上游对石油及制品的需求不断增长，至 2019 年年需求量已达到 140 万 t。原来石油及制品运输主要依靠水运，近年来由于万安至吉安河段航道条件的恶化，导致石油及制品弃水走陆，石油及制品的水运量逐步下降，吉安市内河液体散货运量仅为 1 万 t。

随着未来腹地经济发展水平的进一步提高，赣江航道条件改善，地区能源需求相应扩大，2020—2030 年随着上下游港口油品码头的建设投产，根据吉安港、赣州港的总体布局规划分析，预测 2030 年石油及制品水路运输量将达到 15 万 t；2050 年达到 20 万 t。

(5) 其他。

其他货运量主要包括钢铁、水泥、化肥农药、粮食、木材、集装箱以及其他物资等。

1) 钢铁。钢铁是腹地的短缺物资，目前进口量较大，大致流向有以下几个方向：①从广东方向来；②从福建方向来；③从南昌、新余、萍乡方向来；④从湖北、安徽、江苏、上海方向来。广东、福建方向均由陆路运输，只有南昌、新余及长江沿线方向可采用水运。未来腹地赣州地区经济建设与机电产业进一步发展，钢铁及制品需求仍会保持一定的增长，主要从长江沿线和赣江下游调入。

2）化肥农药。赣南以及吉泰平原是江西省农业大区和经济作物主产区，是主要的商品粮、糖业、烟叶、柑橘生产基地，每年需要大量的化肥农药。腹地目前主要的化肥农药生产企业有赣州大丰肥料有限公司年产复混肥 4 万 t，江西禾水化肥厂年产复混肥 1 万 t 及合成氨 0.25 万 t，吉安市农资总公司复混肥厂年产复混肥 10 万 t，远远不能满足农业生产的需要。赣州地区年需化肥量约 70 万 t，腹地内农业生产所需的化肥大部分仍需从外地调入，腹地年调入化肥量约 50 万 t，目前腹地化肥主要来自湖北宜化、中化东方、中阿公司等大中型企业。腹地需求的化肥农药主要从长江沿线城市调入，供吉安、赣州等地农业生产所需，考虑约 10%通过水路运输。

3）粮食。吉泰平原、赣南地区是江西省主要商品粮基地，也是全国商品粮基地之一，腹地粮食运输保持双重流向，一方面每年有大量粮食调出，主要运往江苏、上海、浙江等地，另一方面随着人民生活水平的提高，以及养殖业的发展，也需要从江苏、山东等地调入面粉、玉米和豆粕等，主要通过水路运输。同时粮食深加工、精加工是发展的必然趋势，粮食深加工、精加工工业的快速发展，必然会刺激粮食流通量大幅度增加，粮食的社会运输量大幅度增加，社会运输量的大幅度增加对水上运量有较大的拉动作用。

4）木材。江西林业历来是江苏、浙江、上海、山东、广东等沿海发达地区的商品木材、人造板、家具等林产品的供应基地，为该地区经济发展起着重要的保障作用。腹地内森林资源丰富，森林覆盖率达 74.4%，活林木储蓄量达 8000 万 m^3，是全国 18 大重点林区之一，主要分布在赣州、泰和、井冈山一带，每年木材砍伐量在 140 万 m^3 以上，同时竹材产量也相当可观。这些竹木大多运往江苏、上海、浙江、安徽等地，以前竹木主要通过水路运输，2020 年以来，航道条件恶化，迫使木材从陆路运往南昌后再转水路运往目的地。金太阳科技林业有限公司投资 30 亿元，在赣南分期种植桉树 300 万亩，年产木材 300 万 m^3，主要供应其在江苏的造纸厂。随着航道条件的改善，木材产出量的增加，木材水运量将会得到全面的恢复，特别是赣州调出的木材量将大幅度增加。赣州市木材水路运输主要是赣州市发往无为、巢湖、无锡、南京等地，作为工业原材料。

5）集装箱。目前腹地尚未开展集装箱水路运输。随着赣江航道的不断提升，集装箱通过内河运输的价格优势将逐步得到体现，原本需要通过公路运往长江中转的集装箱，未来将会在赣江下水，通过水路外运。

综上分析，其他货物过坝运量 2020 年运量约 70 万 t；其他货物过坝运量 2030 年 315 万 t；2050 其他货物过坝运量 850 万 t。

4. 客运量预测

腹地客运量的发展与国民经济发展成正比，随着社会经济发展水平的提高，客运量也在不断增加，但从旅客运输结构演变看，各种运输方式的发展变化情况有所不同，公路、铁路、航空等运输方式客运量均有不同程度的增长，水路在时效性以及灵活性的竞争上明显比其他运输方式差，就造成了水路客运量不断下降的情况。

从未来的发展趋势分析，随着赣江的逐步渠化，水运条件会有很大改善，但赣江水上客运仍然将以区间短途运输为主。参照目前已建设工程（如三峡等）的实际运行情况来看，未来过坝运输客运量很少，暂不预测。

5. 过坝运量预测

综上分析，根据总货运量与分货种运量预测成果，预测：

2030 年过坝货运量为 840 万 t，其中下行货运量 535 万 t；

2050 年过坝货运量为 1400 万 t，其中下行货运量 800 万 t。

井冈山航电枢纽各水平年过坝运量预测见表 2.4.3，过坝运量流量、流向预测见表 2.4.4，井冈山航电枢纽货流密度图见图 2.4.1～图 2.4.6。

表 2.4.3　　井冈山航电枢纽各水平年过坝运量预测表　　单位：万 t

货种	年份	2020	2030	2050
矿建材料	合计	250	400	400
	上水	0	0	0
	下水	250	400	400
煤炭	合计	20	50	50
	上水	20	50	50
	下水	0	0	0
矿石	合计	30	60	80
	上水	20	40	60
	下水	10	20	20
石油、天然气及制品	合计	10	15	20
	上水	10	15	20
	下水			
其他	合计	70	315	850
	上水	45	200	470
	下水	25	115	380
总计	合计	380	840	1400
	上水	95	305	600
	下水	285	535	800

表 2.4.4　　井冈山航电枢纽各水平年过坝运量流量、流向预测表　　单位：万 t

序号	货类		出发港	到达港	货运量		
					2020 年	2030 年	2050 年
1	矿建材料	合计			250	400	400
		下水	河道内	沿江城镇	250	400	400
2	煤炭	合计			20	50	50
		上水	赣江下游及长江沿线	赣州	20	50	50
3	矿石	合计			30	60	80
		上水	赣江下游及长江沿线	赣州	20	40	60
		下水	赣州	赣江下游及长江沿线	10	20	20
4	石油、天然气及制品	合计			10	15	20
		上水	赣江下游及长江沿线	赣州	10	15	20
5	其他	合计			70	315	850
		上水	赣江沿线	赣州、万安等	45	200	470
		下水	赣江沿线	赣江中下游沿江城镇	25	115	380
合计					380	840	1400

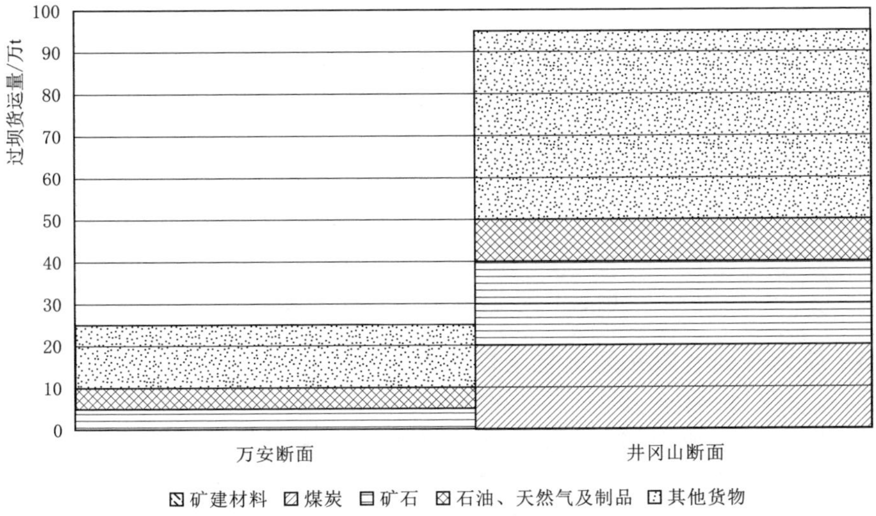

图 2.4.1　2020 年上行货流密度图

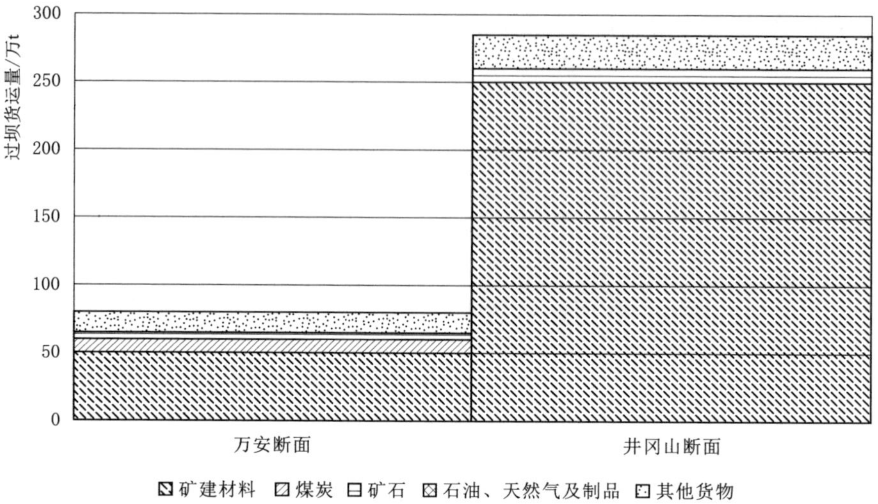

图 2.4.2 2020 年下行货流密度图

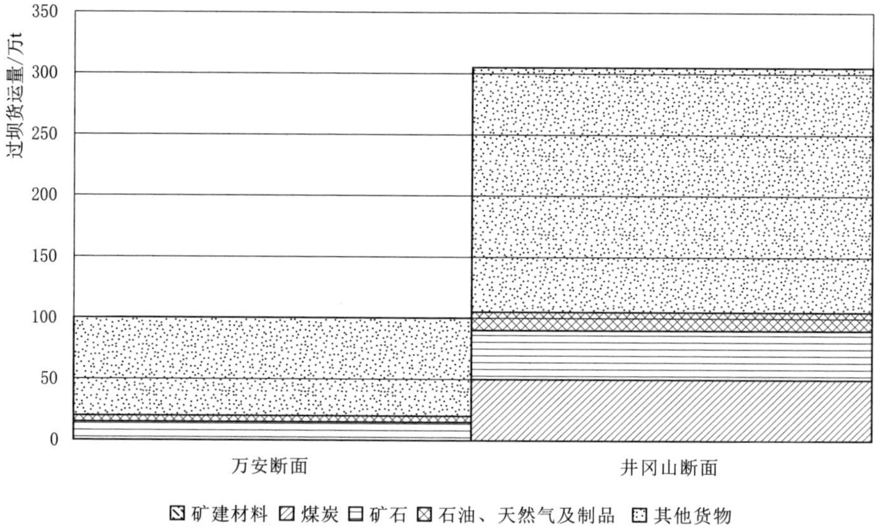

图 2.4.3 2030 年上行货流密度图

2.4.3 航运规划（以井冈山航电枢纽为例）

1. 航道规划

依据交通部、水利部、国家经济贸易委员会颁发的《关于内河航道技术等级的批复（交水发〔1998〕659 号）》，赣江（赣州—吴城）525km 河段定级为内河Ⅲ级航道。

2007 年交通部发布的《全国内河航道与港口布局规划》提出了“两横一纵两网十八线”的高等级航道布局规划，赣江其中之一，规划赣州—湖口 606km

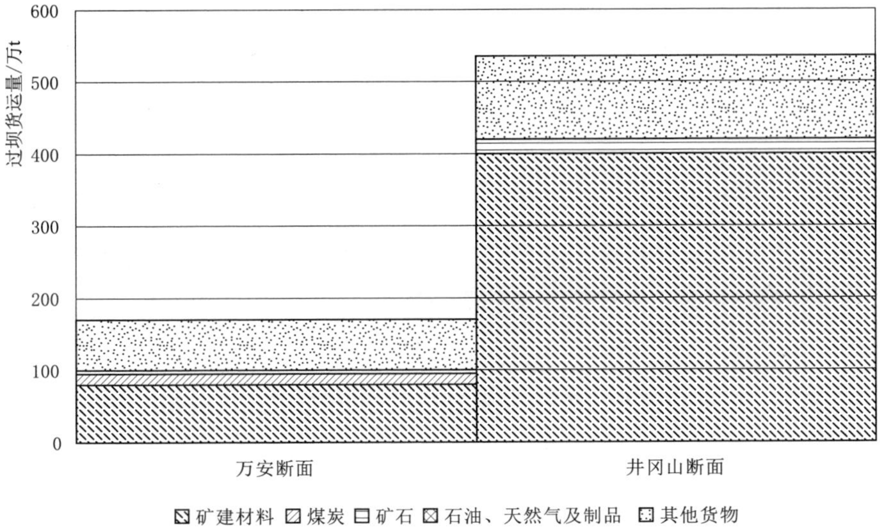

图 2.4.4 2030 年下行货流密度图

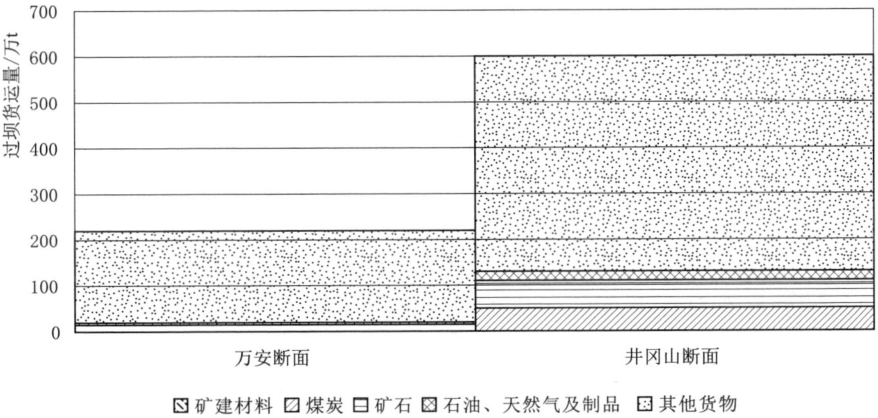

图 2.4.5 2050 年上行货流密度图

航道等级为Ⅲ级及以上。

《长江流域综合规划（2012—2030 年）》、《江西省内河航运发展规划》（江西省交通厅 2006 年 4 月）提出赣江赣州—南昌 450km 达到Ⅲ级航道标准，南昌—湖口 156km 可提高至Ⅱ级航道标准。

2. 通航标准

该工程的航道通航标准为Ⅲ级，航道尺度为：2.2m×60m×480m（水深×航宽×弯曲半径），通航保证率 95%，设计代表船型为 1000 吨级货船和一顶 2×1000 吨级顶推船队。

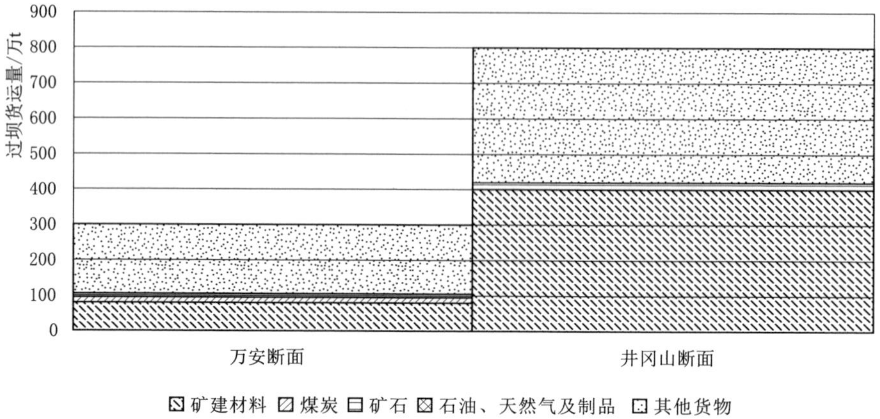

图 2.4.6　2050 年下行货流密度图

3. 船型及营运组织

(1) 营运组织分析。

根据 2003—2014 年江西省实际拥有船舶资料分析，船舶的大型化趋势较为明显，船舶的平均吨位由 2003 年的 144t 上升到 2014 年的 1016t，见表 2.4.5。

表 2.4.5　江西省船舶拥有量变化情况

指标	2003 年	2005 年	2009 年	2010 年	2011 年	2014 年
艘数	4544	5539	4170	4217	4162	2135
载重吨/万 t	65	112	192	196	209	217
平均载重吨/t	144	202	461	464	501	1016

从船舶吨级来看，主要以 500～3000 吨级船舶为主，大型船舶呈现增长趋势，500 吨级以上的船舶载重吨占全省船舶总载重吨的 94.77%，见表 2.4.6。

表 2.4.6　2010 年江西省船舶吨级分布情况统计

吨级范围/t	艘次/次	载重吨/t	载重吨占全省比例/%
<500	3003	102375	5.23
500～1000	433	341258	17.43
1000～1500	363	430611	21.99
1500～2000	195	346761	17.71
2000～3000	127	309247	15.79
3000～5000	80	292103	14.92
>5000	16	135587	6.92
合计	4217	1957942	100.00

机动货船是江西省内河船舶的主体，占全省船舶拥有量的99.12%，载重吨从十几吨到数千吨，包括干散货船、油船、集装箱船及少量化学品船、散装水泥船等。1000吨级以上的机动货船主要运营于长江沿线，500～1000吨级机动货船主要运营于南昌以下的赣江和鄱阳湖区。而300吨级、500吨级机动驳主要在中洪水期赣江南昌以上运营，其他河流运营的机动货船一般在300吨级以下。依据2013年江西船舶分类统计可知，若按艘次划分，机动驳所占比例达到99.59%，驳船所占比例不到0.5%，机动驳是目前赣江营运船舶的主要形式。

(2) 船型及营运组织方案设立。

按照赣江航运发展、下游枢纽实际运行情况或条件，以及本枢纽预测的货运量与货种、各典型船型运距以及航道建设等因素，初步拟定营运组织方案为：干散货主要航线为赣江沿线—长江下游；件杂货主要航线为赣江沿线—长江下游以及赣江沿线区间；液体散货主要航线是九江—赣州；集装箱主要航线为赣州—长江下游。

参照《内河通航标准》(GB 50139—2014) 等标准并结合航道以及航线特点，本章采用以下船型。

1) 干散货船。

分节驳顶推船队：97kW+2×300吨级、147kW+2×500吨级、294kW+2×1000吨级；

机动驳：100吨级、300吨级、500吨级及1000吨级；

机动驳顶推：300吨级机动驳+500吨级普通驳。

2) 油船：300吨级、500吨级及1000吨级。

3) 杂货船：100吨级、300吨级、500吨级及1000吨级。

4) 集装箱船：60TEU、36TEU、24TEU。

(3) 船型及营运组织方案论证。

论证水平年为2020年，主要计算参数及论证指标如下。

1) 营运率：推(拖)轮和机动驳取90%，驳船取95%；

2) 载货量：重载方向，干散货和液体散货取100%，杂货取70%；反向，根据预测的运量情况；

3) 折旧率和修理提存率：按船舶折旧年限18年计取，取5.33%，修理提存率按7.0%计取；

4) 社会折现率10%，计算折现年限18年；

5) 船员工资及福利：干散货船、杂货船，18000元/(人·年)；集装箱船、油船，24000元/(人·年)；

6) 燃油价格：3300元/t；

7）船舶造价：参考江西省同类型船舶的价格，并作适当调整。

以必要运费率（RFR）为主要指标比较各种船型和营运组织的优劣，其单位是元/(kt·km）或元/TEU。

（4）论证结果分析。

根据上述确定的各项参数，对诸方案进行营运计算，以必要运费率作为主要评价指标，必要运费率越低，效益越好；同时兼顾船舶的可利用期限、船舶大型化发展的过渡时间等因素，主要分析成果见表 2.4.7。

表 2.4.7　　各种船型必要运费率（RFR）比较表

［单位：元/(kt·km)、元/TEU］

货种	航线	运距/km	1 顶 2×1000t	1 顶 2×500t	1 顶 2×300t	1000t	500t	300t	100t	300t+500t
干散货	赣江沿线—长江下游	970	36.90	46.10	54.56	48.11	61.61	68.86	93.68	53.77
件杂货	赣江沿线—长江下游	970	—	—	—	64.42	78.69	85.80	113.84	70.48
件杂货	赣江沿线区间	240	—	—	—	101.64	111.36	112.36	137.25	108.08
液体散货	九江—赣州	630				54.25	63.62	67.60		
				60TEU	36TEU	24TEU				
集装箱	赣州—长江下游	1420		1845	2027	2386				

从结果来看，长距离大宗散货运输以分节驳顶推船队的效益最好；较短距离大宗散货运输则以机动驳顶推船组的效益较好，同时也满足了其运距短、装卸点分散、机动灵活的运输要求。

长距离杂货运输以大吨位的机动驳效益最好，相同吨级下，如果运量有保证，则机动驳顶推船队的效益好于同吨级的机动驳；中短距离杂货运输也以大吨位的机动驳效益最好，相同吨级下，机动驳顶推船队的效益与同吨级的机动驳接近。

液体散货运输由于运量较大，装卸速度快，符合船舶吨级越大，效益越好的一般规律。

集装箱运输对班期要求严格，要求船舶运行的可靠性较高，在运量有保证的前提下，较大的船舶效益较好。

随着万安、石虎塘以及井冈山航电枢纽的逐步建成，赣江中上游段航道条件将得到大幅改善，运输船舶将向大型化、标准化、系列化方向发展。

依据论证结果，推荐营运船舶船型见表 2.4.8。根据规划通航标准和赣江航道的特点，结合国家相关的技术标准和技术政策，赣江营运组织方式推荐三种运输方式：机动驳船，顶推船队，一顶一船组。从目前赣江以及长江干线营运船舶情况来看，机动驳船将是今后船舶发展的重点方向，船队和船组所占比例呈下降趋势。

表 2.4.8　　井冈山航电枢纽河段船型及营运组织表

组织营运形式			机　动　船				驳　　船			
船队组成	总长/m	总宽/m	船种	总长/m	型宽/m	吃水/m	总长/m	型宽/m	吃水/m	净载重吨/t
1000 吨级机动驳			1000 吨级机动驳	67.5	10.8	2.0				1000
500 吨级机动驳			500 吨级机动驳	67.5	10.8	1.7				500
300 吨级机动驳			300 吨级机动驳	55	8.6	1.5				300
292kW+2×1000 吨级	160	10.8	292kW 推轮	25	8	1.7	67.5	10.8	2.0	1000
198kW+2×500 吨级	111	10.8	198kW 推轮	21	7	1.1	45.0	10.8	1.7	500
机动驳顶推 300 吨级+500 吨级	90	9.2	272kW 推轮	45.0	8.6	1.7	45.0	10.8	1.7	340+500
60TEU 集装箱船			60TEU 集装箱船	62.5	10.8	2.0				
36TEU 集装箱船			36TEU 集装箱船	55.0	9.8	1.8				
500 吨级油船			500 吨级油船	55.0	10.8	1.6	500			

2.5　水　能　概　况

2.5.1　电力发展概况

1. 供电范围

新干航电枢纽水电站、井冈山航电枢纽水电站和石虎塘航电枢纽水电站为中型水电站，水库具有日调节性能，电站位于江西省中部，电站拟接入江西电网运行，其供电范围为江西全省。目前江西电网有 12 个供电区，分别为南昌、赣西、赣东北、上饶、九江、萍乡、景德镇、抚州、鹰潭、赣州、吉安和宜春。随着农网与电网的改造和升级，江西全省已纳入江西大电网范围，即新干水电站、井冈山水电站和石虎塘站供电范围为江西全省范围。

江西电网分为东南西北中 5 个大区 12 个供电中心，即北部地区（含九江）、中部地区（含南昌、抚州）、东部地区（含景德镇、赣东北、鹰潭、上饶）、西部地区（含萍乡、宜春、赣西）、南部地区（含赣州、吉安）。已建成的井冈山航电枢纽为中型水电站，水库具有日调节性能，电站位于江西省中部，地处南部地区赣州、吉安、新余用电负荷中心之间。根据地区资源情况、社会经济特点、地区经济发展需求、本设计电站装机规模以及优越的地理位置，电站接入江西电网运行。

2. 电力市场现状

江西省全口径装机容量为23889MW，其中水电装机容量4895.9MW，火电装机容量17883.6MW，风电装机容量674.2MW，太阳能及其分布式电源装机容量435.3MW。2015年江西电网统调装机容量18404.4MW，其中水电装机容量1769.7MW，占总装机容量的9.62%；火电装机容量15940MW，占总装机容量的86.61%；风电装机容量624.7MW，占总装机容量的3.39%；太阳能装机容量70MW，占总装机容量的0.38%。

2018年1—6月，江西省全社会用电654.84亿kW·h，同比增长10.97%，增速同比增长3.77%。其中，工业用电410.42亿kW·h，增长7.28%。

江西电网位于华中电网东南部，由南昌等12个地区电网组成，通过3条500kV线路与华中主网相联。目前，江西500kV电网已经形成中部主框架环网，并且由主框架网为核心，向东延伸至上饶，向南延伸至吉安、赣州，向西延伸至萍乡，向北延伸至九江。2024年，国网江西省电力有限公司共安排投运27项35kV及以上迎峰度冬重点工程，其中1000kV、特高压工程1项、500kV工程2项、220kV工程4项、110kV工程16项，共新建线路751.51km，新增变电容量527.78万kVA。

2020年以来，随着省内一批大型电厂投运，江西电网供电能力和供电可靠性有了较大提高，但仍存在一些问题，主要如下。

(1) 电源装机容量不足且分布不平衡，末端电网缺乏电源支撑。

随着后续电源投产，问题逐渐缓解。近年来，江西用电增长较快而电源投产进度缓慢，全网电力供应形势总体偏紧。江西电网统调大电源仍集中在九江、鹰潭、吉安等地，而东部上饶、南部赣州、西部萍乡等末端地区缺乏电源支撑。因此需加快对后续电源建设的规划和前期工作，以满足江西省的用电需求。

(2) 电网调峰能力不足。

江西电网统调最高负荷增长较快，2010年11390MW，2015年达到16570MW。随着居民生活用电及产业结构的调整，日负荷率和日最小负荷率呈继续下降的趋势，电网的负荷峰谷差将越来越大。江西电网无专用调峰电源，主要依靠水电、火电联合调峰。江西电网统调水电所占比重呈逐年下降趋势，柘林、罗湾和东津为多年调节水电站，其余水电站调节性能相对较差，装机规模最大的万安为季调节水电站，且由于有航运等综合利用要求，调峰能力难以得到充分发挥。因此在非汛期水电出力锐减时，江西电网主要依靠火电压负荷深度调峰；汛期水电调峰能力下降以及受电电力较大（区外基荷电力送入）时，江西电网除火电压负荷深度调峰外，还需水电弃水调峰运行。

从长远看，江西省将积极消纳“西电东送”水电电能，首先是三峡电能，其次是金沙江电能。三峡和金沙江下游梯级水库为季调节水库，调节能力相对较差，江西接受三峡和金沙江电能后，使电网的调峰形势发生较大的变化。三峡和金沙江天然来水较小时（主要在非汛期），在电网中可以承担峰、腰荷；三峡和金沙江天然来水较大时（主要在汛期），只能承担基、腰荷，此时接受三峡和金沙江下游梯级电站的电能，使本已缺乏调峰容量的江西电网运行更加困难，更加重了江西电网的调峰负担。因此，如果继续单纯依靠省内火电机组深度调峰，则火电机组处于极不经济的运行状态中，并将关系到电网的稳定、安全运行。

（3）与华中主网联系薄弱，电网结构及运行可靠性有待进一步加强。

江西为典型受端电网、末端电网。目前，江西电网仅依靠 3 回 500kV 联络线与华中主网相连，联系薄弱，受电极限不超过 3000MW，送电极限不超过 2000MW，随着电力体制改革进一步深化和未来全国电力市场发展，受制于网络结构，江西省电力将面临“受不进、送不出”，当前末端电网地位亟待改变。江西 500kV 电网目前还在发展完善阶段，网架结构不够坚强，东部、南部地区未形成环网结构。

随着电网容量不断扩大，电网结构不断加强，短路电流问题将逐步凸显，500/220kV 高低压电磁环网运行导致部分电网如南昌电网、新余城网短路电流水平攀升较快，应适时采取限制短路电流措施，保证电网安全运行。某些断面 220kV 线路需采取开环运行，势必降低断面输电能力及电网运行可靠性，若无强大的 500kV 网架支撑，将难以满足电网安全稳定运行要求。

3. 电力市场需求分析

“十二五”“十三五”期间江西经济发展保持快速增长，预计“十四五”期间江西经济发展将保持较快增长，电力是国民经济的先行产业，随着经济的较快增长和人民生活水平的不断提高，全省电力需求增长快缺口大，电力市场需求空间广阔。电源建设具有广阔的空间和前景。

江西省矿藏丰富，储量位于全国前三位的有铜、钨、银等 10 多种矿产。铜、钨、铀、钽、稀土、金、银被誉为江西的“七朵金花”。有色金属工业是全国 10 个有色金属集中的主要产区之一，拥有全国最大的现代化铜工业基地。但江西省是能源缺乏省份，在能源中主要有煤炭资源和水能资源，其次还有一定发展潜力的核能资源以及具有一定开发前景的风能资源、生物质能和太阳能等，能源人均占有量远低于全国平均水平。

根据《中华人民共和国水力资源复查成果》（2003 年，江西省），江西境内水能资源丰富。全省水能理论蕴藏量 6845.6MW，装机容量 0.5MW 及以上的技术可开发量的水电站 972 座，总装机容量 5779.7MW。至 2006 年年底，全省已开发 0.1MW 以上规模水电站 2783 座，总装机容量为 3467MW，年发电量约 98.0×10^{8}kW·h。由于经济技术、水库淹没等原因，现状水力资源开发利用程度较低。赣江自南向北纵贯江西省全境，是江西省第一大河流，水力资源理论蕴藏量为3607.8MW，占全省水力资源蕴藏量的52.7%，技术可开发的装机容量3103MW，年发电量111.8亿kW·h，占全省水力资源技术可开发总年发电量192.59亿kW·h的58.05%。赣江水力资源在全省占有重要地位。

全省累计探明煤炭储量为175037.4万t，其中基础储量114966.3万t，资源量60071.1万t；保有储量资源量为132577.4万t，其中基础储量80977.5万t，资源量51599.9万t。其中，烟煤占69.1%，无烟煤占30.9%。煤炭主要集中分布在萍乡、宜春、高安、丰城及乐平、景德镇等地区；其次为上饶、安福、莲花及赣南地区；九江、抚州地区分布最少。江西省煤炭资源具有煤炭储量资源量偏少、相对集中、煤种齐全，但煤质偏差、开采条件困难等特点。鉴于省内煤炭资源日渐贫乏，且老旧矿井开采难度大，并不断衰减等原因，根据规划江西省今后煤炭产量难有增长。目前，江西省能源资源结构不合理，煤炭在一次能源中比例过高，煤炭直接用于终端消费的比例过大。目前发电用煤的一半以上是省外煤，且以“三西”（陕西、山西、内蒙古西部）煤为主，平均运距1400km，使省内燃煤火电厂的发电成本比华中其他省高40%～70%。随着近几年来大量600MW火电机组的建成投产，火电发电量所占比例进一步提高，能源结构不合理的情况进一步加剧。而且，发电用煤主要依靠区外输入，由于运距长，发电成本较高，而且大规模发展煤电还受运力的制约，对生态环境也会造成破坏。

江西是全国铀矿资源大省，也是全国的产铀大省。据地质勘探普查，全省共拥有6条成矿带和相山、鹰潭、桃山、河草坑、白面石、322等6个铀矿田，已探明铀矿床95个，铀矿储量占全国1/3。国家已在上饶、抚州、修水和崇义建设了铀矿和铀水冶厂，其中抚州铀矿正建成为全国最大的铀矿基地。江西富饶的铀矿资源和发达的铀矿冶生产，为核电建设提供了有利的条件。

风能资源具有一定开发前景。自20世纪80年代初，江西省就开始着手对其境内风能资源（尤其是鄱阳湖区的风能资源）进行专题研究。据江西省发展改革委2006年编制的《江西省风能资源评价》，江西省风能资源受地形和气候共同影响，江西省风能资源主要富集于鄱阳湖区域，尤其是鄱阳湖北部区域，从湖口到永修的松门山、吉山约70km长的湖道两侧以及湖中部分岛屿，其次是庐山山地和鄱阳湖湖道浅滩。其他尚有部分高山区域有一定的风能资源，经测算江西省风能资源总储量约为60000MW，技术可开发量约3100MW。

太阳能相对欠充足。江西省年太阳总辐射量为3976.5～4827.3MJ/m^2，在全国太阳能资源利用区划中仅属太阳能可利用区。境内赣北、赣南各有一强辐射中心，大于4654MJ/(m^2·a)。但总体而言，太阳能资源仍比较贫乏。受技术和开发利用成本的影响，目前还难以作为动力来开发利用。

此外，生物质能（秸秆和谷壳、燃料乙醇、生物柴油和沼气）蕴藏较丰富，年可利用总量约1395万t标准煤，具有一定发展前景。

根据江西统调电网电力空间计算成果，考虑外区送电规模、在建电源项目以及机组退役安排后，2020年江西统调电网电力缺额为9810MW。根据江西能源资源特点，积极接受西电东送电力，是缓解江西省能源资源不足的有效措施。

水力资源是绿色可再生能源，与国家鼓励和支持利用可再生能源和清洁能源发电的发展规划、产业政策等相匹配，而且与江西省煤炭资源、风力资源互补性强，主要是缺煤地区（如赣江上游等）多有较丰富的水力资源，鄱阳湖区（风力盛行于10月—次年3月，而雨水多集中于4—7月，季节上互补）具有开发前景的风能资源。努力开发江西省剩余水电资源，尤其是“十三五”期间重点建设赣江流域的井冈山、永泰、龙头山等大中型水电站，对缓解江西省能源资源供应不足、改善能源结构、减轻对环境的不利影响，对解决江西省国民经济的用电问题仍具有重要的作用。

综上，江西省电网用电负荷和用电量在逐年增加，江西电力发展要满足未来经济社会发展的需求，需要新的电源投入，因此，江西未来电力市场将更加开放，涉及地域范围更广，电源建设的任务也更重，市场空间也更大。为减轻电力供应的对外依赖性，加快实施水电开发尤其是赣江水力资源是江西省能源可持续发展战略的重要环节，不仅可以弥补电力的不足，还能起到调整能源结构不合理的作用，应为江西省能源开发的重点和方向。江西省剩余的水电开发拥有更加宽阔的市场空间。

2.5.2 电网规划

江西电网位于华中电网东南部，目前通过3条500kV线路与华中主网相联。江西电网供电范围为16.69万km^2，由南昌等12个地区电网组成。“十二五”期间江西500kV骨干网架得到较大发展，形成以中部500kV环网为核心，西部及北部500kV环网，东部、南部电网目前依然维持辐射网络结构。截至2015年年底，江西电网共有500kV变电站19座，总容量24000MVA；全网220kV公用变电站138座（含开关站6座，不含电铁牵引站），总容量为36000MVA；全网110kV公用变电站450座，主变759台，总容量28890MVA。

1. 500kV电网

“十三五”期间，江西新建500kV变电站（含开关站）13座，扩建5座，新增变电容量1750万kVA，到2020年，江西电网将拥有500kV变电站（含开关站）32座，变电容量4150万kVA。

“十三五”期间，江西电网在2015年网架的基础上形成了中部500kV双环网、东部500kV环网、南部500kV环网以及赣州西南部500kV环网，并构建了南昌特高压站、赣州特高压站、南昌换流站、赣州换流站、吉安特高压站外送通道。江西500kV骨干网架基本形成，到2020年，江西500kV电网形成了以中部500kV双环网为核心，东南西北“四个环网”为依托的500kV“五环”骨干网架，如图2.5.1所示。

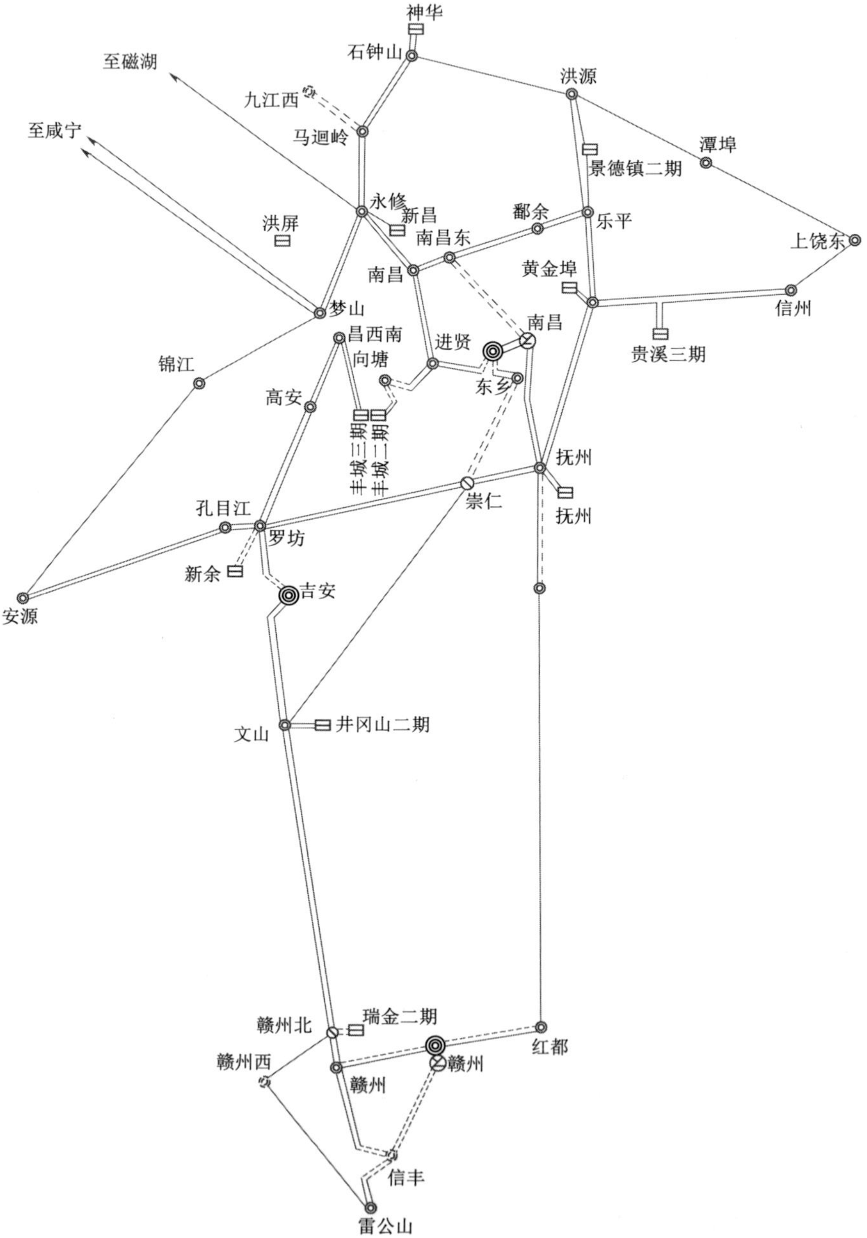

图2.5.1 2020年江西500kV规划网架

2. 220kV 电网

“十三五”期间，江西 220kV 变电站布点重点满足城乡发展用电，提高居民用电质量；并增加负荷中心和工业园区的供电能力，满足用户电力需求，确保对地区经济增长拉动作用强劲的工业行业用电，推动地区国民经济支柱产业形成规模优势。

“十三五”期间，全省规划新建 54 座 220kV 变电站（开关站），改扩建 56 座，220kV 变电站新增变电容量 2864 万 kVA。至 2020 年，全省 220kV 公用变电站规模达到 192 座，总变电容量达到 6464 万 kVA。

江西 220kV 电网规划按照“分区互补、区内多环”的目标要求，构筑供电分区化、电源分层化、结构简洁化、运行灵活化的 220kV 地区高压电网。优化电厂外送通道以及电厂接入，提高电厂外送能力；逐步实施电磁环网的解环运行，跨地区的 500/220kV 大范围弱电磁环网逐步分大区解环运行，分区电网内部为控制短路电流，实施分片供电。

3. 特高压电网

根据国家电网公司特高压电网调整规划，“十三五”期间江西电网形成了特高压“三交两直”规模，具体如下。

国家第一批“五交八直”特高压工程。加快建设江西南昌、赣州 1000kV 交流特高压工程以及雅中-南昌±800kV 直流输电工程。2017 年开工建设，2018—2019 年建成投产。新增特高压变电容量 1200 万 kVA，换流容量 1000 万 kVA。建成后，形成武汉-南昌、长沙-南昌、南昌-赣州、湘南-赣州特高压交流环网结构。

国家第二批“四交四直”特高压工程。江西建设南昌-浙南、赣州-厦门的华中与华东特高压交流联络通道，以及金上-赣州±800kV 直流输电工程。2018 年以前开工，2019—2020 年建成投产。新增特高压换流容量 1000 万 kVA。

国家第三批“三交一直”特高压工程。2020 年以前开工建设东部电网内部网架加强工程，其中江西开工建设吉安 1000kV 交流特高压工程，扩建南昌特高压变电站。新增特高压交流变电容量 1200 万 kVA。

到 2020 年，江西电网已形成特高压“三交两直”规模，特高压交流网络形成“一纵两横”（一纵：武汉-南昌-赣州；两横：长沙-南昌-浙南、湘南-赣州-厦门）枢纽电网，如图 2.5.2 所示。

2.5.3 负荷预测

1. 电力需求预测

2015 年，江西省全社会用电量达到 1087.26 亿 kW·h，同比增长 6.75%；统调电量达到 856.06 亿 kW·h，同比增长 2.16%；2015 年江西电网全社会最

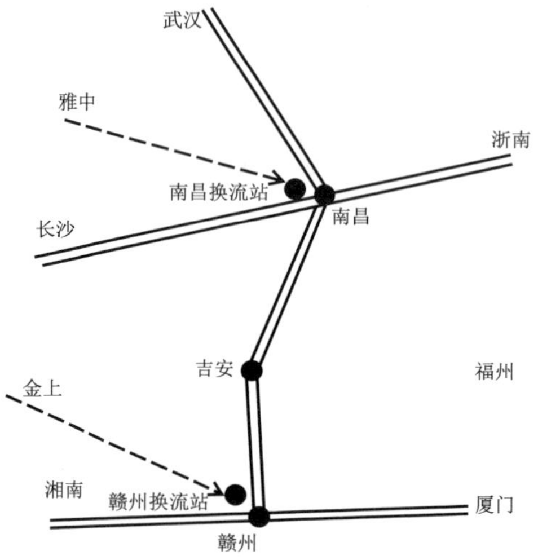

图 2.5.2 2020 年江西特高压规划网架

大用电负荷 19500MW，同比增长 8.18%；统调最高用电负荷为 16570.3MW，同比增长 7.59%。

根据江西省江西电网“十三五”规划报告及相关成果，“十二五”期间江西省全社会需电量和用电最高负荷年均增长率为 9.2%、9.0%，通过人均用电、弹性系数、产业分类、总量分解等多种方法预测，2020 年全社会需电量和用电最高负荷分别为 1720 亿 kW·h、32500MW，相应年均增长率分别为 9.6%、10.8%，见表 2.5.1。

表 2.5.1　　江西省“十三五”用电需求

年　份	全社会需电量/(亿 kW·h)	全社会用电最高负荷/MW
2010	701	12700
2015	1087	19500
2020	1720	32500

华中电网公司结合当前经济发展形势和江西省用电实际增长情况，预测江西电网 2020—2025 年的负荷见表 2.5.2。

表 2.5.2　　江西省电网各水平年负荷预测成果表

口径	项　目	2015 年（实际）	“十三五”		“十四五”	
			2020 年	年均增长率	2025 年	年均增长率
全口径	用电量/(亿 kW·h)	1087	1400	5.2%	1700	4.0%
	最大负荷/MW	19500	26500	6.3%	32500	4.2%
	利用小时/h	5574	5283	—	5231	—
统调	用电量/(亿 kW·h)	856	1250	7.9%	1550	4.4%
	最大负荷/MW	16570	24000	7.7%	30000	4.6%
	利用小时/h	5166	5208	—	5167	—

2. 负荷特性预测

江西电网地处我国中西部，夏季炎热，冬季阴冷潮湿，未来降温、取暖季节性负荷增长潜力较大。预计江西电网年负荷曲线将维持夏冬大（夏季负荷一般大于冬季）的分布，呈典型的W形，且夏冬季负荷与春秋季负荷的差距将进一步扩大。

江西电网典型日负荷曲线呈现早晚两个高峰，早高峰多出现在11—12时，晚高峰夏季多出现在21—22时，冬季多出现在20—21时。最小负荷发生时间夏季多出现在6时，冬季多出现在4时。夏季典型日的日负荷率和日最小负荷率均高于冬季。江西电网2025年年负荷如图2.5.3所示。

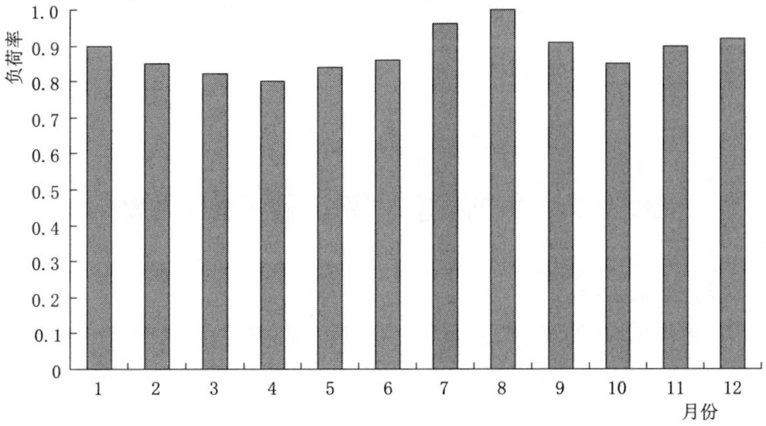

图2.5.3 江西电网2025年年负荷

第 3 章

考虑河道曲率的航运能力评价

3.1 内河航道等级智能识别方法

3.1.1 内河航道分级方法

内河水库群调度是兼顾航运经济、发电、供水、防洪社会等综合效益的复杂时变系统[1]，其优化策略需要构建及时、准确的边际效益评价函数[2]。通航能力依存于航道复杂的水文水动力时空情势，是表征航运效益有效指标。其研究热点是在水文水动力时空域内构建通航能力目标函数、代理模型和优化准则[3-5]。常用目标函数及其优化准则包含适宜通航面积、航运适宜度最大，函数变量为水深、流速、水位变幅等[3-4]，代理模型构建方法包含 Kriging[6]、人工神经网络[7]、极限学习机[8]、多基因遗传规划[9] 等方法。

纵观现有研究，通航能力目标函数变量并未覆盖现行内河航道等级评价指标，可能为实际航运管理造成一定困扰。具体来讲，许多国家均开展了内河航道等级划分，包含船舶或航道两类分级指标。西欧、中国部分行业标准［《运河通航标准》(JTS 180－2—2011)］主要采用船舶载重能力、典型船型、船长、船型宽度、船舶型深、吃水深度等船舶类航道分级指标[10-11]；美国、俄罗斯主要采用航道水深、最小水深、航道宽度、弯曲半径等航道类分级指标[12-13]；中国《内河通航标准》(GB 50139—2014)、南美综合采用船舶和航道两类指标划分航道等级[14-15]。科学合理选择通航能力目标函数指标是效益评价的首要任务。但是，现有研究中适宜度函数多被定义为决策变量和航运效益间边际效益函数的均值，缺乏变量对效益协同影响的评价机制。构建理论清晰、指标合理、结构简单的通航能力分级的综合评价函数，探寻高时空分辨率指标识别方法，便成为航运智慧调度的必然要求。

本章选择赣江峡江—新干航段为研究区，选定航道水深、宽度、弯曲半径为分级指标，借助 MIKE21 模型获取分布式时空数据；借助累积概率分布函数标准化分级指标，消除指标间的量级差异；利用情景模拟和机器学习算法，构建航运能力分级综合评价函数，并于研究区开展航道等级识别案例研究。本章可作为等级航道非衔接段识别、航运水系发展评价、航道系统规划整治、区域经济结构布局的基础。

3.1.2 内河航道研究区选取

本章选择赣江峡江—新干航段为研究区（图 3.1.1），系统收集 2020—2022 年峡江坝后逐日流量、新干航电枢纽逐日水位、峡江水文站逐日水位和流量等水文数据和峡江—新干航段水下地形数据，以上数据均来自江西省水文监测中心、峡江水利枢纽管理局、江西省港航建设投资集团有限公司新干航电枢纽分公司等单位。

3.1.3 内河航道智能分级方法

将 2020—2022 年逐日时序前 70%作为建模期，以后 30%作为验证期，分别选择峡江水利枢纽坝后逐日下泄流量、新干航电枢纽坝前逐日水位为上下边界条件，以二维非恒定平面潜水波方程组构建 MIKE21 模型［式（3.1.1）～式（3.1.3）］。基于建模期、验证期实测和模拟峡江水文站水位流量，估算 Nash 系数和相关系数（R），验证模型模拟效果[16-17]。二维非恒定平面潜水波方程组的连续方程为[18]

$$\frac{\partial h}{\partial t}+\frac{\partial(h\bar{u})}{\partial x}+\frac{\partial(h\bar{v})}{\partial y}=hS \tag{3.1.1}$$

二维非恒定平面潜水波方程组的动量方程为[18]

$$\begin{aligned}&\frac{\partial(h\bar{u})}{\partial x}+\frac{\partial(h\bar{u}^2)}{\partial x}+\frac{\partial(h\bar{u}\bar{v})}{\partial x}-\Omega\bar{v}h+gh\frac{\partial\eta}{\partial x}+\frac{gh^2}{2\rho_0}\frac{\partial\rho}{\partial x}+\frac{1}{\rho_0}(\tau_{bx}-\tau_{sx})\\&+\frac{1}{\rho_0}\left(\frac{\partial S_{xx}}{\partial x}+\frac{\partial S_{xy}}{\partial x}\right)+\frac{h}{\rho_0}\frac{\partial p_a}{\partial x}=\frac{\partial(hT_{xx})}{\partial x}+\frac{\partial(hT_{xy})}{\partial x}+hu_sS\end{aligned} \tag{3.1.2}$$

$$\begin{aligned}&\frac{\partial(h\bar{v})}{\partial x}+\frac{\partial(h\bar{v}^2)}{\partial y}+\frac{\partial(h\bar{u}\bar{v})}{\partial y}-\Omega\bar{u}h+gh\frac{\partial\eta}{\partial y}+\frac{gh^2}{2\rho_0}\frac{\partial\rho}{\partial y}\\&+\frac{1}{\rho_0}(\tau_{by}-\tau_{sy})+\frac{1}{\rho_0}\left(\frac{\partial S_{yx}}{\partial x}+\frac{\partial S_{yy}}{\partial y}\right)+\frac{h}{\rho_0}\frac{\partial p_a}{\partial y}=\frac{\partial(hT_{xx})}{\partial x}+\frac{\partial(hT_{xy})}{\partial x}+hv_sS\end{aligned} \tag{3.1.3}$$

式中：t 为时间；x、y 为笛卡儿坐标系坐标；η 为水位；$h=\eta+d$ 为总水深；u、v 分别为 x、y 方向上的速度分量；Ω 为科氏力系数；g 为重力加速度；ρ_0 为水的密度；S_{xx}、S_{xy}、S_{yy} 为辐射应力分量；S 为源项；u_s、v_s 为源项水流流速；$\bar{u}$、$\bar{v}$ 为沿水深平均的流速。

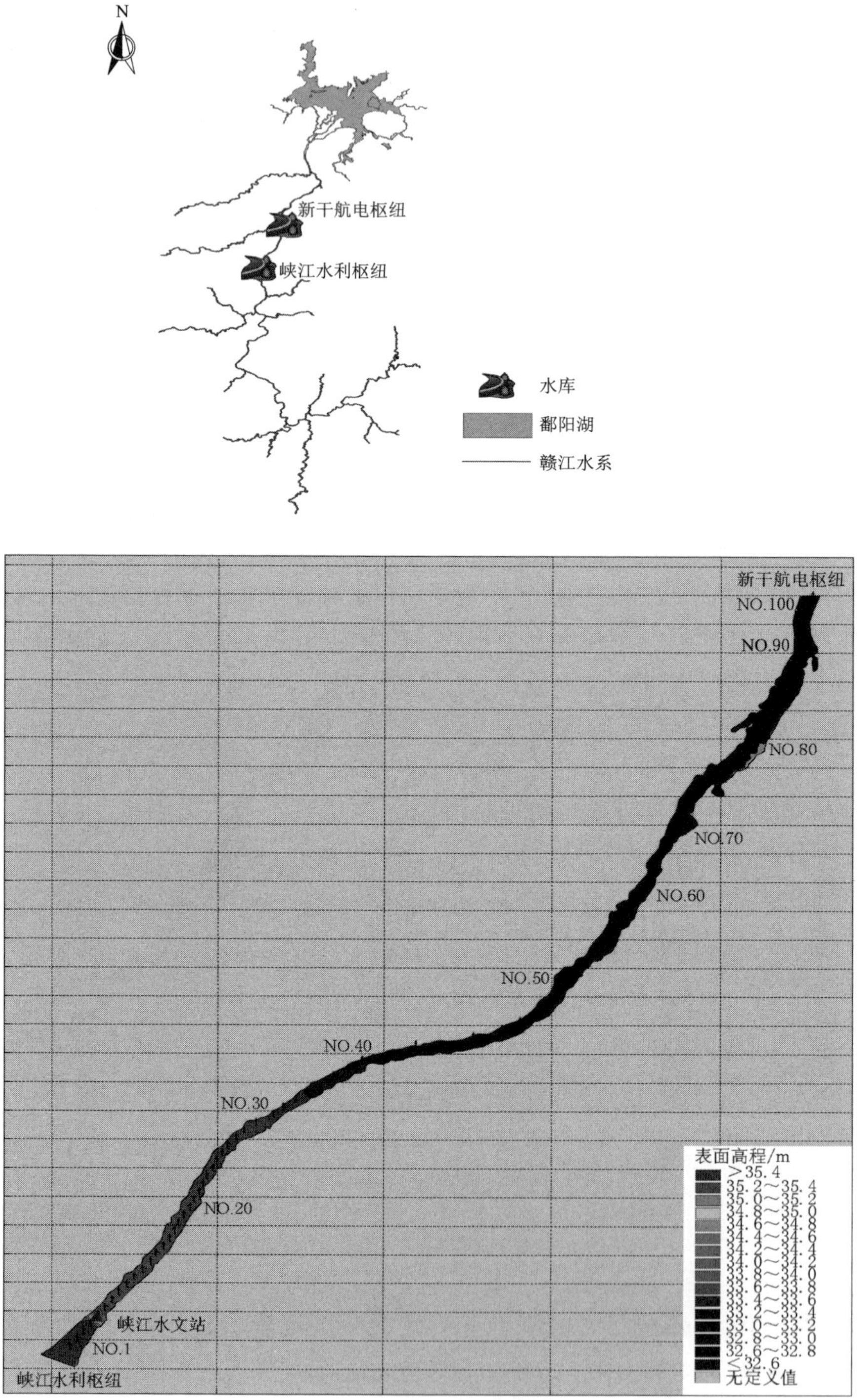

图 3.1.1 研究区位置、研究河段水下地形和计算断面

本章基于中国《内河通航标准》（GB 50139—2014）中不同航道等级下水深、双线直线段宽度、弯曲半径等航道尺度取值范围，分别拟定步长为 0.1m、1m、10m，生成航道尺度模拟情景。选择对数正态（Lognormal）分布[19]、逻辑（Logistic）分布[20]、伽马（Gamma）分布[21]、广义极值（Gev）分布[22]、七位置尺度（Tlocationscale）分布[23]、稳定（Stable）分布[24] 为情景要素的待选概率分布类型，选定显著性水平 $\alpha=0.05$，采用极大似然法估算分布参数，以 Nash 系数、相关系数及 t 检验验证边际分布模拟效果。以水深、双线直线段宽度、弯曲半径的累积概率分布函数为自变量，以航道等级为因变量，拟定待选算法为人工神经网络[25]、决策树类（简单决策树、中等决策树、复杂决策树）[26-28]、判别分析类[29]、支持向量机（线性支持向量机、中等高斯支持向量机、精细高斯支持向量机、三次支持向量机）[30-31] 和临近算法（精细临近算法、中等临近算法、粗略临近算法、余弦临近算法、三次临近算法、加权临近算法）[32]，以 Nash 系数、相关系数最大为条件在算法内开展优选，以两系数均大于 0.95 为条件在算法间开展优选。借助优选后的算法开展赣江峡江—新干段逐日航道等级评价，揭示航道等级时空分布规律。

3.2　基于人工智能算法研究内河航道分布规律

3.2.1　河段分布式水动力模型构建

本章综合考虑水下地形图空间分辨率、模拟计算时间等因素，结合湖泊实际边界条件，开展研究河段计算网格剖分。网格单位数量共 3045 块，网格节点数量共 2348 个。为提高计算速度，网格剖分后进行平滑处理，优化网格夹角。设置峡江水库坝后毗邻断面为研究河段上游入流边界，新干航电枢纽坝前毗邻断面为研究河段下游出流边界，其余边界均默认为可滑移的陆地边界。收集研究区实测水下地形数据，识别实测点经纬度和高程值，借助 Matlab 软件编译的反距离权重插值程序，将实测点高程数据插值到计算网格上，生成峡江水库-新干航电枢纽水下地形图，沿河段进行计算断面剖分，生成编号 1～100 号计算断面（图 3.1.1）。基于 2020 年 1 月—2022 年 12 月河段水位和流量实测数据，以峡江水文站实测水位和流量验证研究河段二维水动力模型如图 3.2.1 所示。经计算，模型模拟峡江水文站水位与实测值时程分布基本一致，实测和模拟水位间决定系数 $R^2 \geqslant 0.84$ 且 Nash 系数≥0.75。结果表明本章建立的峡江水库-新干航电枢纽二维水动力模型模拟精度较高，模拟结果可用以表征研究河段水流水文要素时空动态，模型可用于后续情景分析和规律总结。

3.2.2　河段航道等级评价人工智能算法优选

基于河道宽度、水深、弯曲半径断面数据，拟定 Lognormal、Logistic、

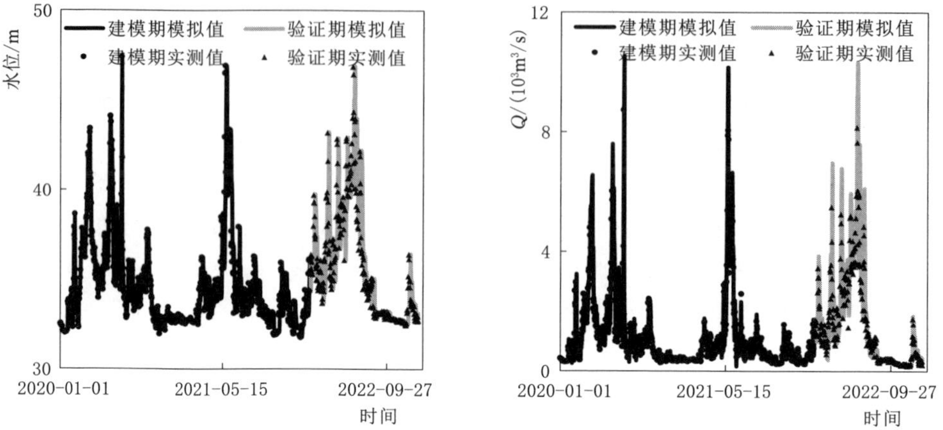

(a) 水位　　(b) 流量

图 3.2.1　峡江水文站实测和模拟水位、流量

Gamma、Gev、Tlocationscale、Stable 分布为待选概率分布类型，选定显著性水平 $\alpha=0.05$，采用极大似然法估算分布参数；计算各分布下 Nash 效率系数和相关系数，结合 Student's t 检验，开展分布的拟合优度检验，见表 3.2.1。从表中可以看出，Logistic、Gev、Tlocationscale、Stable 分布可用于河道宽度的拟合，各分布 Nash 效率系数、相关系数较高，均大于 0.95，相关系数超过显著性水平下临界值；待选分布均可用于河道宽度、水深边际分布的拟合，各分布 Nash 效率系数接近，均高于 0.96，相关系数较高，均大于 0.98，超过显著性水平下临界值。Logistic、Gev、Stable 分布可用于河道宽度的拟合，各分布 Nash 效率系数、相关系数较高，均大于 0.95，相关系数超过显著性水平下临界值。利用优化后分布参数，拟合河道宽度、水深、弯曲半径边际分布如图 3.2.2 所示。图中可以看出 Stable 分布下河道宽度、水深、弯曲半径分布理论频率曲线与经验点间偏离程度最小，确定为最优边际分布概率分布类型。

表 3.2.1　河道水位、宽度模拟数据概率分布参数和拟合优度检验

统计变量	分布类型	参数 1	参数 2	参数 3	参数 4	Nash 效率系数	相关系数
河道宽度	Lognormal	1.2	0.2	—	—	0.88	0.96
	Logistic	3.3	0.3	—	—	0.98	0.99
	Gamma	22.6	0.1	—	—	0.91	0.97
	Gev	−0.8	0.7	3.2	—	1.00	1.00
	Tlocationscale	3.3	0.5	5	—	0.98	0.99
	Stable	1.2	−1.0	0.3	3.5	0.99	1.00

续表

统计变量	分布类型	参数 1	参数 2	参数 3	参数 4	Nash 效率系数	相关系数
水深	Lognormal	6.2	0.3	—	—	0.99	1.00
	Logistic	478.9	85.8	—	—	0.98	0.99
	Gamma	11.0	45.0	—	—	0.99	1.00
	Gev	0.0	118.1	420.9	—	0.99	1.00
	Tlocationscale	479.1	131.9	7	—	0.98	0.99
	Stable	1.6	1.0	88.6	449.1	0.99	1.00
弯曲半径	Lognormal	6.6	0.5	—	—	0.75	0.90
	Logistic	870.0	148.0	—	—	0.95	0.98
	Gamma	5.6	147.4	—	—	0.81	0.92
	Gev	−1.0	299.6	847.2	—	0.95	0.99
	Tlocationscale	915.2	162.9	2	—	0.93	0.99
	Stable	1.2	−1.0	108.3	969.1	0.98	0.99

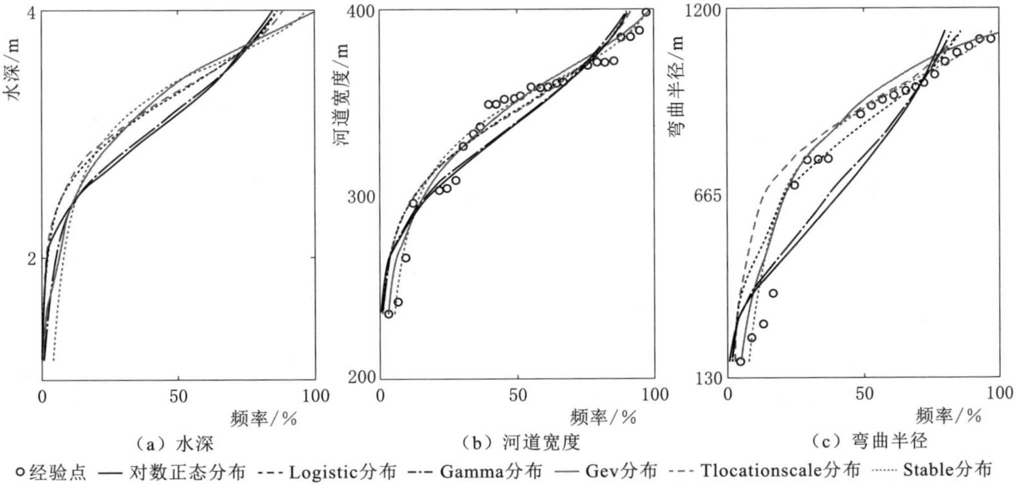

图 3.2.2 河道模拟边际分布函数

基于河道宽度、水深、弯曲半径情景数据和航道定级标准，开展人工神经网络、精细树、二次判别分析、中等支持向量机和中等临近算法拟合优度检验如图 3.2.3 所示。由图中可以看出建模期和验证期各算法模拟准确性均较高，Nash 效率系数≥0.99；相关系数≥0.99，超过显著性水平下临界值。结果表明各智能算法均可用于河道等级划分。

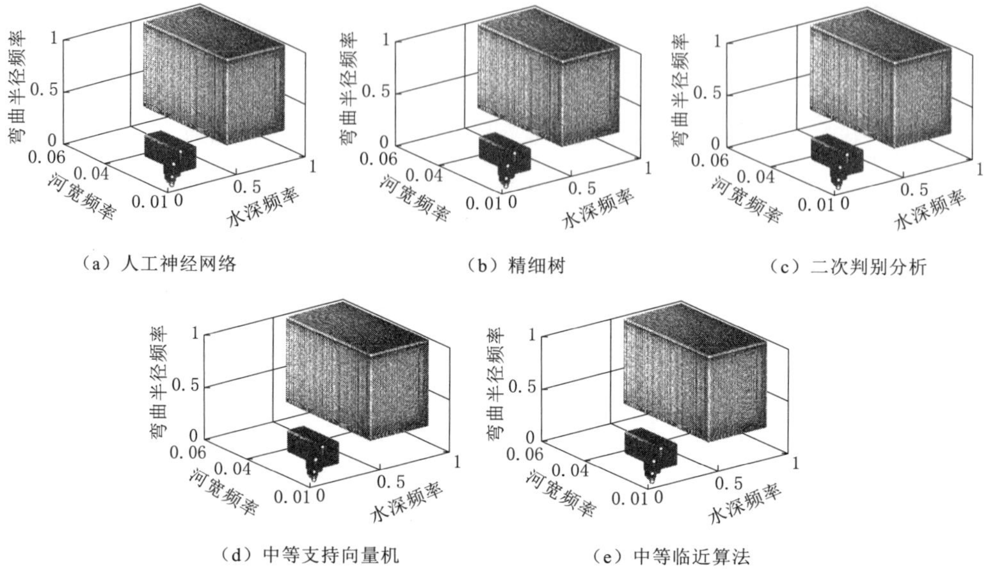

（a）人工神经网络　（b）精细树　（c）二次判别分析

（d）中等支持向量机　（e）中等临近算法

图 3.2.3　不同算法下航道等级分级评价

3.2.3　研究河段航道等级时空分布规律

基于2020—2022年研究区逐日计算断面河道宽度、水深实测数据，利用五种面向河道分级的机器学习优化算法，开展河段航道等级划分，统计各断面等级年内分布规律（图3.2.4）。由图3.2.4可以看出计算断面航道等级主要分布在Ⅲ级以上，各算法下枯水期和主汛期对应各计算断面、后汛期对应21号以后计算断面Ⅲ级以上航道保证率在96%～100%之间变化，大于设计保证率95%；各算法下后汛期1～20号断面Ⅲ级以上航道保证率均为94%，小于设计保证率。空间上，各统计时段Ⅲ级以上航道保证率最小值均出现在1～20号断面；时间上，各统计时段Ⅲ级以上航道保证率接近，Ⅲ级以上航道保证率最小值均出现在后汛期。对比不同算法下Ⅲ级以上航道保证率和最高频率航道等级可知：Ⅲ级以上航道保证率在不同算法间稳定，保证率数值差异不超过1%。计算断面最高频率航道等级为Ⅰ级或Ⅱ级；Complex tree、Quadratic discriminant、Quadratic SVM算法下不同统计时段断面最高频率航道等级均为Ⅰ级，各统计时段最高频率在0.68～1之间变化；Medium Gaussian KNN算法下不同统计时段断面最高频率航道等级均为Ⅱ级，各统计时段最高频率在0.71～1之间变化；Artifical nerual network算法下不同统计时段断面最高频率航道等级在Ⅰ～Ⅱ级之间变化，各统计时段最高频率在0.57～1之间变化。综上所述，研究河段航道等级主要分布在Ⅲ级以上，Ⅲ级以上航道保证率最小值出现在1～20号断面，不能满足航道设计保证率，是重点治理航段；时程上Ⅲ级以上航道保证率最小值均出现在后汛期，是航段重点关注时段；航道等级在算法间存在一定差异，实

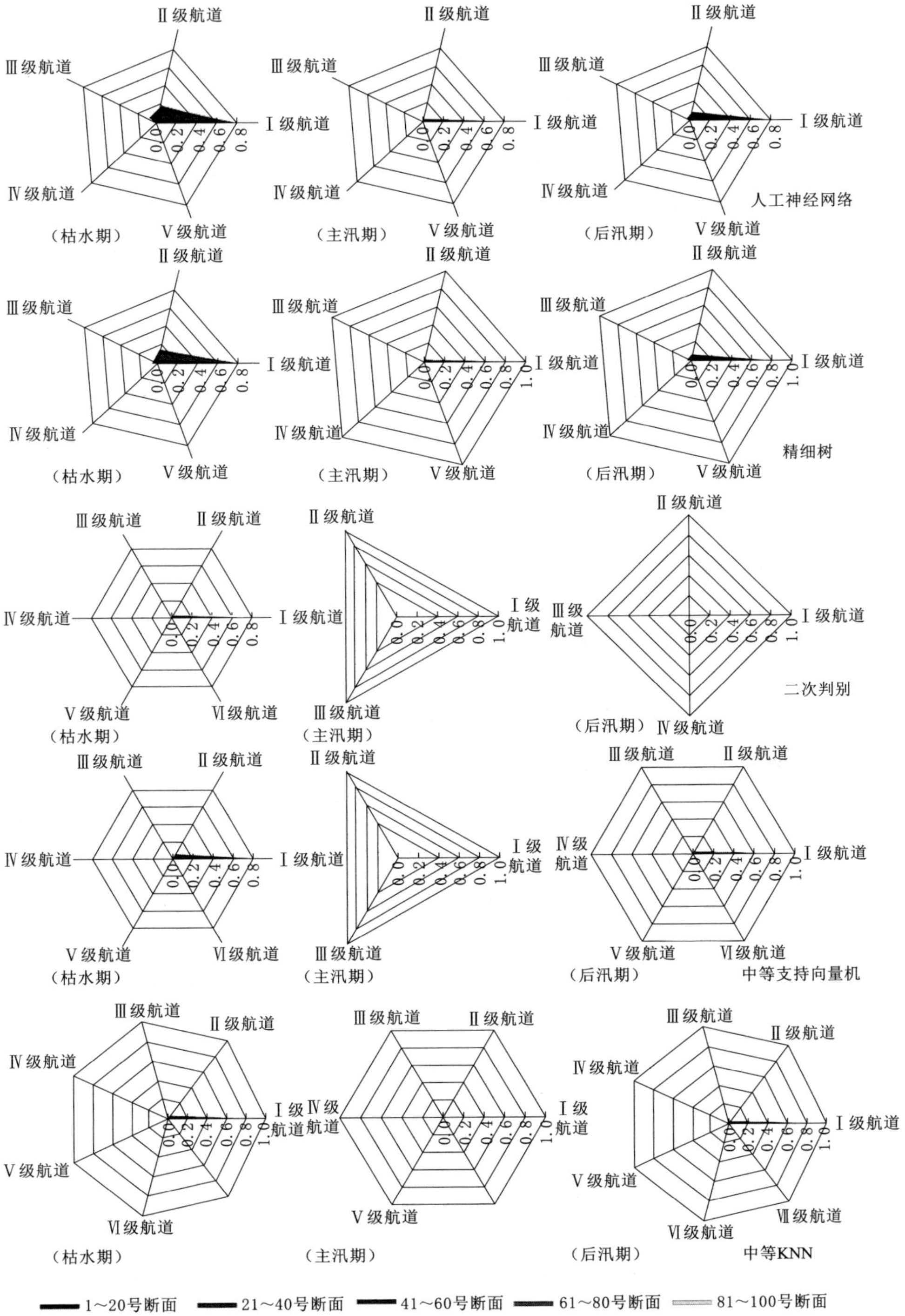

图 3.2.4 研究区航道等级占比雷达图

际工作需要综合考虑算法对航道分级的影响。

3.3 评价结果

本章针对内河航道分级指标时空分异规律显著、融合理论匮乏现状，借助Mike21模型、概率分布和机器学习算法，提出了航道等级智能识别和评价方法，并在赣江峡江—新干段开展应用。取得以下主要结论。

（1）峡江水库—新干航电枢纽二维水动力模型模拟精度较高，实测和模拟峡江水文站水位间决定系数 $R^2 \geqslant 0.84$、Nash系数 $\geqslant 0.75$，河段水深、直线段宽度、弯曲半径时空模拟值可为分级模型提供数据支撑。

（2）Stable分布是河道宽度、水深、弯曲半径最优边际分布函数类型，Nash效率系数、相关系数 $\geqslant 0.98$。各要素边际分布函数用于预测航道等级，人工神经网络、精细树、二次判别分析、中等支持向量机和中等临近算法均可作为预测算法，等级模拟Nash效率系数、相关系数均大于0.99。

（3）研究河段航道等级主要分布在Ⅲ级以上，Ⅲ级以上航道保证率最小值出现在1～20号断面，是重点管理航段；时程上Ⅲ级以上航道保证率最小值均出现在枯水期，是航段重点关注时段。

3.4 本章小结

内河航道等级智能识别是水库智慧调度前提，其关键为分级指标和代理模型构建。本章基于赣江峡江—新干段水动力模拟，优选概率分布和机器学习算法，构建航道分级指标和模型，模拟航道等级时空分布。结果表明水动力模拟精度高，逐日水位决定系数 $\geqslant 0.84$、Nash系数 $\geqslant 0.75$；Stable分布是河宽、水深、弯曲半径等分级指标最优分布，人工神经网络等是代理模型适宜算法；航道等级在Ⅲ级以上，保证率最小值出现在峡江坝后和枯水期，是航段管理重点。

参考文献

[1] 郭生练，王俊，谢雨祚，等. 面向新时期新需求的三峡水库运行方案研究 [J]. 水利学报，2024，55 (4)：379-388.

[2] 闻昕，秦济森，谭乔凤，等. 基于余留期效益函数的水光互补随机优化调度方法 [J]. 水资源保护，2023，39 (6)：23-31，62.

[3] 李杰. 面向生态、航运、发电的流域水库群多目标联合调度研究 [D]. 武汉：华中科技大学，2020.

[4] 吕昊. 基于水动力学模拟的水库群多目标优化调度 [D]. 武汉：华中科技大学，2022.

[5] 周颖，周研来，郭生练，等. 水库群消落期多目标智能优化调度研究 [J]. 水力发电学报，2023，42 (9)：70 - 78.

[6] Nie Z B，Feng B，Wang H Z，et al. Facies - Constrained Kriging Interpolation Method for Parameter Modeling [J]. Mdpi Ag，2024，17 (1)：102.

[7] 王加红，陆颖，袁旭，等. 基于互信息及人工神经网络的降雨-径流预报方法 [J]. 水电能源科学，2024，42 (8)：38 - 42.

[8] Wang H，Lu W，Chang Z. An iterative updating heuristic search strategy for groundwater contamination source identification based on an ACPSO - ELM surrogate system [J]. Stochastic Environmental Research and Risk Assessment，2021，35：2153 - 2173.

[9] Han Z，Lu W，Fan Y，et al. Surrogate - based stochastic multiobjective optimization for coastal aquifer management under parameter uncertainty [J]. Water Resources Management，2021，35：1479 - 1497.

[10] 刘涛，罗胜平. 基于内河航道等级比较的长江航运发展分析 [J]. 水利水运工程学报，2012，(5)：72 - 77.

[11] 中华人民共和国交通运输部. 运河通航标准：JTS 180 - 2—2011 [S]. 北京：人民交通出版社，2012.

[12] 张莹. 不同横流条件下航道宽度确定的数值模拟研究 [D]. 重庆：重庆交通大学，2023.

[13] 张荣柱，郑志强. 淮河干流三河尖至临淮岗段航道等级提升可行性分析 [J]. 安徽建筑，2024，31 (8)：145 - 146.

[14] Jaimurzina A，Wilmsmeier G，Koedijk O，et al. Joint paper on inland waterways classification for South America [R]. Santiago：United Nations，2017：1 - 29.

[15] 中华人民共和国交通运输部. 内河通航标准：GB 50139—2014 [S]. 北京：人民交通出版社，2015.

[16] 赖小霞，单薪蒙，陈波，等. 基于 PGIS 和水文-淹没模型的社区洪水风险分析：以浙江省台州市大田河流域为例 [J]. 地理学报，2023，43 (10)：1851 - 1860.

[17] Nash J E，Sutcliffe J V. River flow forecasting through conceptual models part I - a discussion of principles [J]. Journal of Hydrology，1970，10 (3)：282 - 290.

[18] 张叶，孟德娟，于子铖，等. 基于 MIKE21 的城市河流水质改善与达标分析 [J]. 水电能源科学，2020，38 (9)：48 - 52.

[19] Wang W Q. Analysis of Factors Affecting Incubation Period of Virus—Based on Log - Normal [J]. Hans Publishers，2024，13 (3)：943 - 953.

[20] 李继清，谢宇韬，孙凤玲. 基于 Vine Copula 的梯级水库短期发电调度风险估计 [J]. 水资源保护，2024，40 (4)：17 - 26，47.

[21] Bai H. Copula - based standardized precipitation evapotranspiration index and its evaluation in China [J]. Journal of Hydrology，2022，615：128587.

[22] 隆院男，黄崇荣，李正最，等. 基于 Copula 函数的湘江流域气象干旱向水文干旱传播特性 [J]. 农业工程学报，2023，39 (21)：66 - 78.

[23] 杨茂，朱亮. 基于非参数估计的光伏功率短期预测误差分析 [J]. 电网与清洁能源，2020，36 (5)：107 - 114.

[24] 王金锋，姜炎君，温栋，等. 风速与风电功率波动概率分布建模 [J]. 电气工程与自动

化，2022，(24)：1-6.

[25] Talukdar S, Singha P, Mahato S, et al. Land-Use Land-Cover Classification by Machine Learning Classifiers for Satellite Observations—A Review [J]. Remote Sensing, 2020, 12 (7): 1135.

[26] Mahbooba B, Timilsina M, Sahal R, et al. Explainable Artificial Intelligence (XAI) to Enhance Trust Management in Intrusion Detection Systems Using Decision Tree Model [J]. Complexity, 2021, 1: 1-11.

[27] 李东鹤. 基于融合指数的松嫩平原西部水文情势监测 [J]. 安徽农学通报，2025，31 (2)：101-107.

[28] 王嘉诚，李渊，施坤，等. 1987—2022年新安江水库（千岛湖）水面面积时空变化及其与水位、蓄水量的响应关系 [J]. 湖泊科学，2024，36 (3)：913-926.

[29] Tharwat A. Linear vs. quadratic discriminant analysis classifier: a tutorial [J]. International Journal of Applied Pattern Recognition, 2016, 3 (2): 145-180.

[30] 丁世飞，孙玉婷，梁志贞，等. 弱监督场景下的支持向量机算法综述 [J]. 计算机学报，2024，47 (5)：987-1009.

[31] Edwin R A. Classification of immature and mature coffee beans using texture features and medium K-Nearest neighbor [J]. Journal of Artificial Intelligence and Technology, 2023, 3: 114-118.

[32] Almutairi E S, Abbod M F. Machine Learning Methods for Diabetes Prevalence Classification in Saudi Arabia [J]. Modelling, 2023, 4 (1): 37-55.

第 4 章

发电、航运效益协同分布规律

4.1 发电、航运效益协同分布函数构建方法

4.1.1 发电和航运效益的量化方法

通过对峡江—新干河段的航运以及新干航电枢纽的发电情况进行线下调研，了解该河段的货源以及货运单价、新干航电枢纽的发电出力系数和下游水位高度。对于发电效益，将发电效益量化为逐日出力值，通过水文水动力模型所得出的逐日水位和流量数据代入发电出力公式，得出逐日出力值。对于航运效益，在河段中取 100 个断面，通过对 ANN 人工神经网络的训练，并得出河段中 100 个断面的逐日航道等级，通过统计的思想，优选出逐日的航道等级，再通过航运等级与通航能力对照表，得出河段逐日通航能力。以航运效益量化为通航能力，构建航运效益和通航能力与单价的函数关系式，最后得出河段逐日航运效益。

4.1.2 发电和航运效益的边缘分布函数构建方法

对于所得出的逐日航运效益和逐日发电效益进行 K－S 检验，分别得出其边缘分布函数类型以及求得边缘分布函数的参数。

4.1.3 发电和航运效益的协同分布函数构建方法

本章通过建立 Copula 函数来构建发电和航运效益的协同分布函数。首先，通过秩相关系数分析协同分布函数构建的可行性，再对可能的 Copula 函数进行极大似然估计确定参数，并通过欧氏平方距离优选 Copula 函数。

4.2 发电出力和航运效益边缘分布函数筛选及参数率定

4.2.1 发电出力的量化

查《江西赣江新干航电枢纽工程环境影响报告书》可知，下游水位一般取

16m，出力系数取 60%。

发电出力公式如下。

$$P=9.81\eta Q\Delta H \tag{4.2.1}$$

式中：P 为出力值，kW；η 为出力系数；Q 为新干坝前流量，m^3/s；ΔH 为水位差，m。

通过 MIKE 模型导出的 3 年内逐日水位流量数据，可求出三年内逐日发电出力。

4.2.2 航运效益的量化

在峡江—新干河段水利工程运行的背景下，集中于航运经济效益的分析。首先，根据已了解到的货源与单价，了解航运业的现状和需求；然后，根据河段航道等级在时间与空间分布的差异，优选代表性的逐日航道等级；最后，量化航运效益函数，并揭示其边界效应，求得逐日航运效益。这将帮助我们更好地理解在不同水文条件下航运效益的变化趋势和影响因素，从而为航运业的可持续发展提供科学依据和决策支持。

据调查，每件货物的运输单价均可取为 0.083 元/(t·km)。

本章是实现水库运行成本一定时，发电和航运效益最大，选取发电出力和航运效益 2 个目标函数。同时，航运效益是按照实际航运货物量、单价、运输距离进行估算的，其公式如下。

$$W=AEL \tag{4.2.2}$$

式中：W 为河道逐日航运效益，元；E 为河道逐日通航能力，t；A 为货运单价，元/(t·km)；L 为河段总长，km。

该航段所有码头实际货运量应小于航段空间分布最小货运能力，其约束函数如下。

$$0\leqslant \sum_{i=1}^{m}\sum_{j=1}^{n}G_{i,j,k}\leqslant G_{\min} \tag{4.2.3}$$

式中：$G_{\min}$ 为该航段各计算断面中最小航运能力。

研究区内水路运输经济评价主要依据《内河航道分级标准》（GB 50139—2014）见表 4.2.1，对照航道分级标准对研究流域进行航道等级评级以及水路运输经济评价。

表 4.2.1　　内河航道分级标准

航道等级	水深/m	宽度/m	通航能力/t
Ⅰ级航道	3.5～4	70～125	3000
Ⅱ级航道	2.6～3	40～100	2000
Ⅲ级航道	2.0～2.4	30～55	1000
Ⅳ级航道	1.6～1.9	30～45	500

续表

航道等级	水深/m	宽度/m	通航能力/t
Ⅴ级航道	1.3～1.6	22～35	300
Ⅵ级航道	1.0～1.2	15～22	100
Ⅶ级航道	0.7～0.9	12～15	50

使用峡江—新干河段逐日水位和宽度数据作为输入数据以及航道等级作为输出数据对 ANN 人工神经网络进行训练，如图 4.2.1 所示。

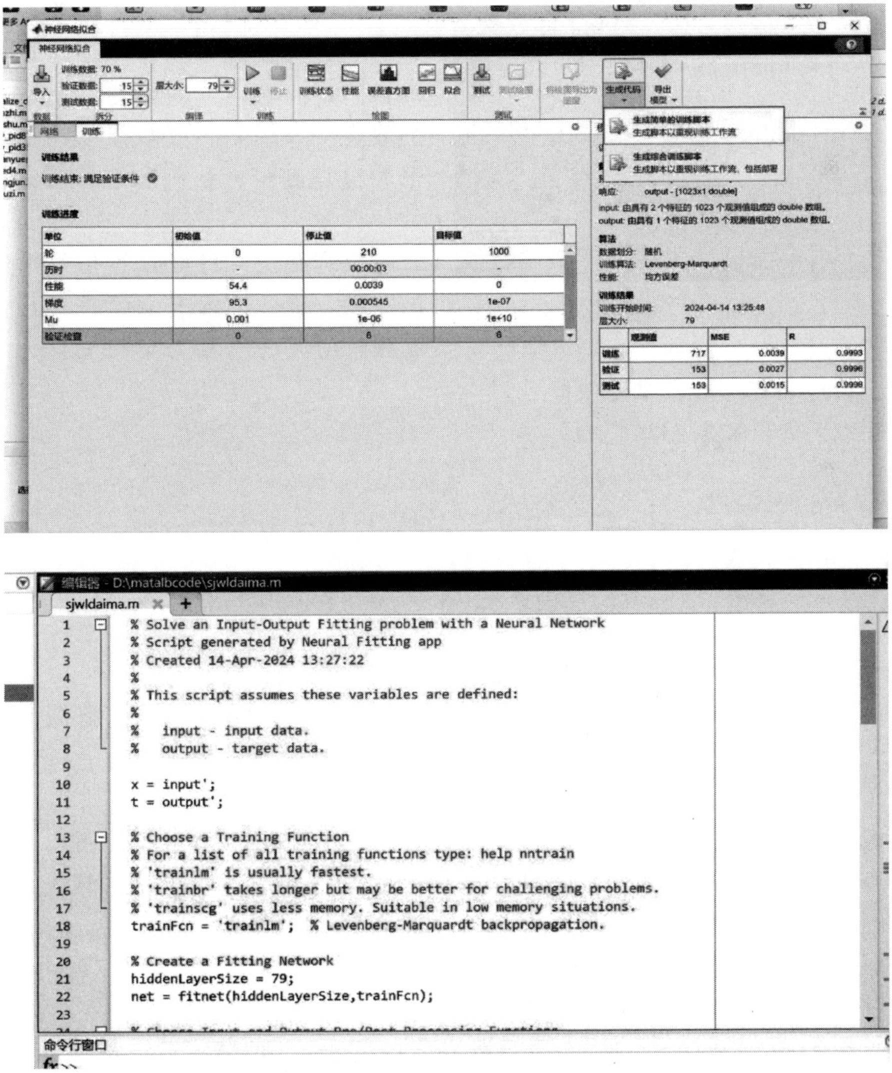

图 4.2.1 ANN 人工神经网络

1. 宽度数据收集

在使用 MIKE 软件建立水动力模型并完成参数率定时，确保模型能够准确地反映研究区内的水动力特性是至关重要的。一旦完成这些步骤，就可以利用模型来预测研究流域内任意一点的水位、流量、流速和水深。

接下来，通过在研究区域内选择 100 个断面，并根据已知的水位、流量、流速以及岸边水深和河中心水深，应用等效宽度法来计算每个断面的宽度。等效宽度法是一种常用的技术，它假设河流截面是由一系列的平行流线组成，每个流线都有一个等效的宽度，整个河流截面的总宽度等于所有流线宽度的总和。

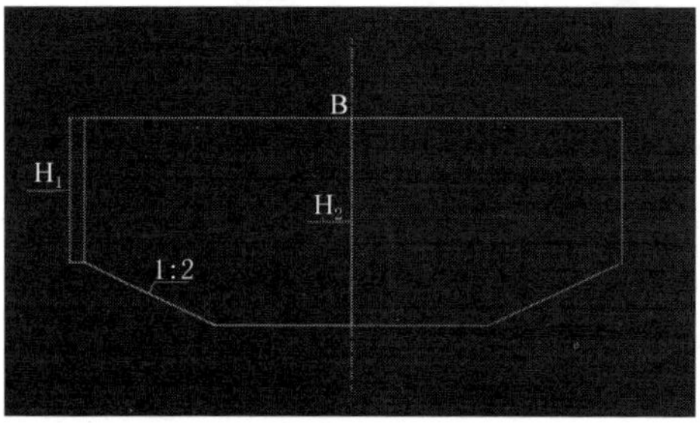

图 4.2.2 河道截面形状

在实际应用中，首先需要假定河道截面形状是规则的，例如矩形或梯形，然后根据给定的坡比来确定河道的坡度。本章中假设断面为梯形和矩形的组合图形，如图 4.2.2 所示。底坡比设置为 1：2。通过这些信息，结合等效宽度法，可以计算出每个断面的宽度。这一过程有助于进一步分析和理解河流的水动力学行为，为后续的工程设计和管理提供重要依据。

采取下式计算断面宽度 B。

$$B=\frac{\frac{Q}{v}-2(H_2^2-H_1^2)}{H_2}+4(H_2-H_1) \tag{4.2.4}$$

采用归一化式（4.2.5）将水深数据以及宽度数据进行归一化。

$$i'=\frac{i-m}{m-n} \tag{4.2.5}$$

式中：i'为归一化后的值；i 为归一化前的值；m 为一断面 3 年内数据的最大值；n 为一断面 3 年内数据的最小值。

2. 河段逐日航道等级确定

将归一化后的 100 个断面的逐日水位和逐日宽度代入 ANN 中，得出 100 个断面的逐日航道等级。因为航道任意断面的航道条件均限制了航道等级，因此从 100 个断面的逐日航道等级中，筛选出最高的航道等级，将筛选后的航道等级对应表 4.2.1，得出河段逐日通航能力。

（1）峡江—新干河段通航情景设置。

假设该河段为双向航道，每日通航总时长为 18h，每隔半小时通行一次。

（2）航运效益计算。

航运效益计算公式如下。

$$W=2\times2\times18EAL \tag{4.2.6}$$

式中：W 为河段逐日航运效益，元；E 为河段逐日航运能力，t；A 为货物运输单价，元/(t·km)；L 为河段长度，m。

4.2.3 发电出力边缘分布函数类型筛选与参数率定

对逐日发电出力值进行 K-S 检验。由于为后续构建 Copula 函数，仅考虑 Normal、Logistic、Gamma、Weibull、t 和 Exponential distribution，经计算 Normal、Logistic、Gamma、Weibull、t 和 Exponential distribution 的 K-S 值分别为：0.21913、0.21297、0.18411、0.11482、1.0、0.1381。因 Weibull 分布的 K-S 值最小，故采用该分布，其概率密度函数的参数 $\alpha=1.2957$，$\beta=85883.0$。Weibull 分布概率密度函数如图 4.2.3 所示。

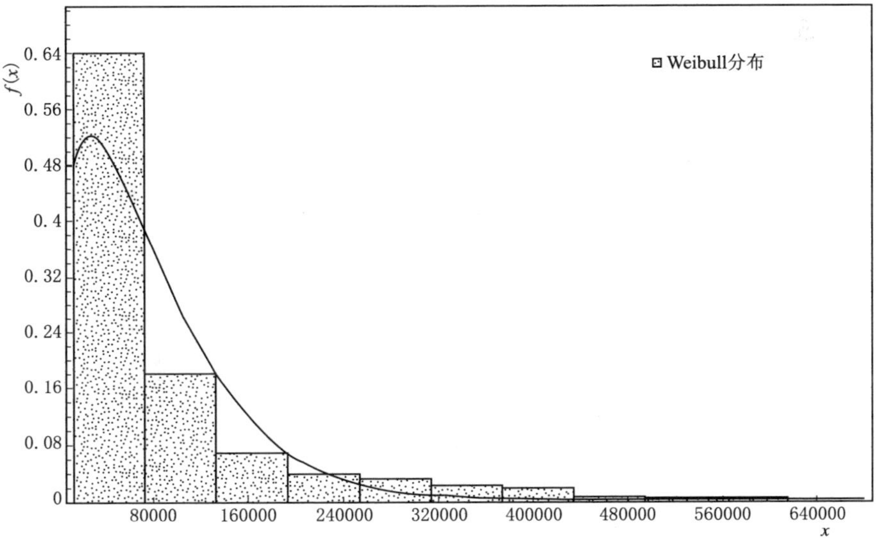

图 4.2.3 Weibull 分布概率密度函数图像

4.2.4 航运效益边缘分布函数类型筛选与参数率定

本章考虑 Logistic、Normal、Weibull、Gamma、Exponential distribution。通过 K-S 检验，对于以上五种分布函数进行边缘分布函数优选，并进行参数率定。经计算，Logistic、Normal、Weibull、Gamma、Exponential distribution 的 K-S 值分别为 0.23844、0.22494、0.20036、0.22662、0.2315，因 Weibull distribution 通过 K-S 检验得出的值最小，故选择该分布，同时参数 $\alpha=1.13$，$\beta=6.0791\times10^5$。服从 Weibull 分布的航运效益概率密度函数如图 4.2.4 所示。

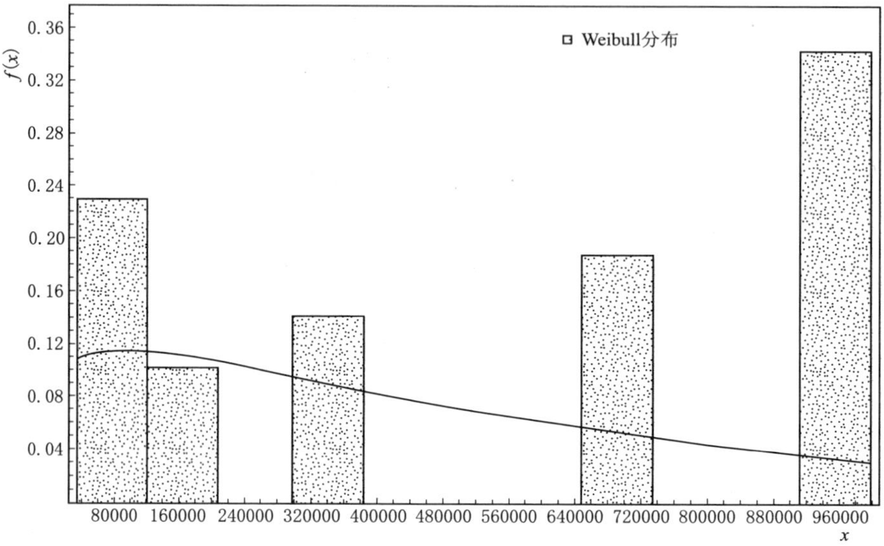

图 4.2.4 服从 Weibull 分布的航运效益概率密度函数

4.3 发电、航运效益联合概率分布函数优选与参数率定

尽管发电效益和航运效益均服从 Weibull 分布，但通过对于发电效益的边缘概率密度函数以及航运效益的边缘概率密度函数的参数对比，仍能确定该 Copula 函数并非为对称性函数。因此选择阿基米德 Copula 函数进行发电和航运能力协同分布函数的构建。阿基米德 Copula 中，有 Gumble Copula、Frank Copula、Clayton Copula 三种函数，因此 Copula 函数的优选和参数的率定更有助于对于协同分布规律的探寻。

4.3.1 Copula 函数构建的可行性检验

通过 Kendall 秩检验和 Spearman 秩检验对于发电效益和航运效益的边缘分布函数进行检验，得出 Kendall、Spearman 相关系数，通过显著性检验说明发电效益和航运效益两变量之间的关联性较强，因此可将两者构建 Copula 函数。

4.3.2 Copula 函数的优选与参数率定

分别对于 Gumble Copula、Frank Copula、Clayton Copula 三种函数进行极大似然估计。最后通过三种 Copula 函数的对比，挑选出最优 Copula 函数。

1. 参数估计

使用 Matlab 对三种 Copula 函数分别进行极大似然估计。Clayton Copula 函数的参数为 2.8021，Frank Copula 函数的参数为 9.4067，Gumble Copula 函数

的参数为 2.1289。

2. 函数优选

因 Frank Copula 在操作中更简便，便于往后对于工程的操作计算，同时更好探究峡江—新干河段的航运效益和发电效益规律，故本章选取 Frank Copula 函数作为 Copula 优选结果。Frank Copula 函数的联合分布函数如下。

$$C(d,s)=-\frac{1}{\theta}\ln\left[1+\frac{(e^{-\theta d}-1)(e^{-\theta s}-1)}{e^{-\theta}-1}\right] \tag{4.3.1}$$

式中：θ 为联合分布函数参数；d 为航运效益保证率；s 为发电效益保证率。

以逐日发电出力分布函数为 X 轴，逐日航运效益分布函数为 Y 轴，联合分布函数结果为 Z 轴绘制分布函数。

4.4 不同水文情势下发电和航运能力协同分布规律研究

4.4.1 设计频率的选择

将不同保证率下的发电效益和航运效益作为各自水文情势变量，根据航运效益和发电效益所设计的变量组合代入构建的 Copula 函数之中，从而确定不同水文情势下的航运和发电能力的协同分布规律。

将上述求得的逐日发电出力值和逐日航运效益进行经验频率计算。因已确定两分布均符合 Weibull 分布，故从该分布的分布函数中挑选代表性频率下的数据进行水文情势分析。本章挑选概率为 50%、75%、90%、99%。

4.4.2 发电和航运综合效益分析情景模拟

本章共设置 16 个情景，见表 4.4.1。

表 4.4.1　不同情景下的联合分布函数结果　%

情景	航运效益保证率	发电效益保证率	协同分布函数
情景 1	50	50	42.719
情景 2	50	75	49.113
情景 3	50	90	49.835
情景 4	50	99	49.973
情景 5	75	50	49.113
情景 6	75	75	68.059
情景 7	75	90	73.370
情景 8	75	99	74.722
情景 9	90	50	49.835

续表

情景	航运效益保证率	发电效益保证率	协同分布函数
情景 10	90	75	73.370
情景 11	90	90	84.487
情景 12	90	99	88.904
情景 13	99	50	49.973
情景 14	99	75	74.722
情景 15	99	90	88.904
情景 16	99	99	96.600

4.4.3 发电和航运综合效益分析情景评价

经分析，当航运保证率设置为 50%时，发电对于联合分布概率的结果影响较小；当航运保证率设置为 75%时，发电对于联合分布概率的结果影响一般；当航运保证率设置为 90%时，发电对联合分布概率的影响较大；当航运保证率设置为 99%时，发电对联合分布概率的影响很大。

当发电保证率设置为 50%时，航运对于联合分布概率的结果影响较小；当发电保证率设置为 75%时，航运对于联合分布概率的结果影响一般；当发电保证率设置为 90%时，航运对联合分布概率的影响较大；当发电保证率设置为 99%时，航运对联合分布概率的影响很大。

可得出，当水资源有限时，若想通过合理分配使得航运和发电耦合效益最大化，可适当使发电和航运保证率处于差距不大的情况。

4.5 本 章 小 结

本章运用 Copula 函数构建研究河段的航运和发电能力的协同分布函数，以此来寻找在该河段航运和发电效益之间的平衡点。在设定航运效益保证率为 50%时，协同分布函的均值为 0.479，方差为 0.001。在此情况下，二者协同分布的保证率差值变化很小，同时保证率也维持在一个较低的水平。在设定航运效益保证率为 75%时，协同分布函的均值为 0.663，方差为 0.0104。在此情况下，二者协同分布的保证率差值变化不大，同时保证率也维持在中位水平。在设定航运效益保证率为 90%时，协同分布函的均值为 0.741，方差为 0.023。在此情况下，二者协同分布的保证率差值变化较大，同时保证率也维持在一个较高的水平。在设定航运效益保证率为 99%时，协同分布函的均值为 0.775，方差为 0.0315。在此情况下，二者协同分布的保证率差值变化最大，同时保证率也维持在最高的水平。

第 5 章

基于混合整数规划的水利枢纽船闸调度

5.1 调 度 方 法

5.1.1 水利枢纽船闸分类及运行原理

以一座大型水利枢纽为研究对象，将枢纽内部所有并行过闸通道整合起来看做是一座船闸，这样来看，依据船闸所含有的并行过闸通道（闸室）数量，可以将船闸划分为三大类：单闸室船闸、并行双闸室船闸以及并行三闸室船闸。常见类型船闸结构如图 5.1.1 所示。其中单闸室船闸仅设有一条通道，此通道承担着双向的船舶通行任务；一般来说，并行双闸室的设计会考虑两个闸室的特性（包括尺寸、闸次运作时间等因素）是否匹配，每一个闸室通常都能够独自地实施操作，且两者都具备双向通行的功能；并行三闸室的船闸构造，常常包含了两组相同规格的闸室以及一个稍显独特性质的闸室，它们之间相互独立运行，但又都能提供双向的通行服务。我国的著名水利工程葛洲坝船闸枢纽就是一例典型的并行三闸室船闸，它由两组相同规格的闸室及一个规模相对较小但同样有双向通行功能的闸室组成。在全球范围内，绝大多数的闸室都是采用单级结构设计的，也就是说，船舶从水利枢纽的一面到达另一面只需经过一个闸室即可实现。如果船舶需从上游向下游行驶，首要步骤便是往闸室内灌注水流直至其水平面达到与上河水位相齐平的状态；紧接着便开启前方大门，使得船舶有序进入闸室内；此后关上前门，通过逐步释放水源来降低闸室内的水位，以便与下河水位保持平衡；最后再次开启后门，从而使船舶从闸室内顺利驶出。

以下是船闸调度的一些重要概念。

待闸时长：当欲过闸的船舶抵达指定地点之后，等候进行船闸操作的具体等待时间。

船舶长度、宽度：在船闸调度过程中，常把各类船舶简化为长方形模型，并以其最长的长度及最宽处作为其长度和宽度参数，这便是船舶尺度所代表的含义，即进入闸室时的最大长度和宽度。

船舶航向：船舶在水域中的行驶方向，若自上游驶向下游，则称之为下行；反之，则被称为上行。

闸次：用以描述在同一闸室内同时进行过闸操作的船舶群体及其在闸室内的分布情况。

闸次方向：该闸次中所有过闸船舶的共同航向。

闸次起始时刻：在闸次方向上，第一扇闸门开启的具体时间点。

闸次终止时刻：该闸次中最后一艘船舶成功脱离船闸的时间节点。

闸次运行时间：闸次终止时刻与起始时刻之间的时间跨度。

倒闸：当单级闸室需连续执行两个相同方向的闸次时，这两个闸次之间便会出现一段空闲的运行阶段，此过程被称作倒闸。

倒闸时间：完成倒闸所需耗费的总时间。

常规运行：有若干船舶待闸，闸室已容纳不下更多船舶，立即运行一个闸次。

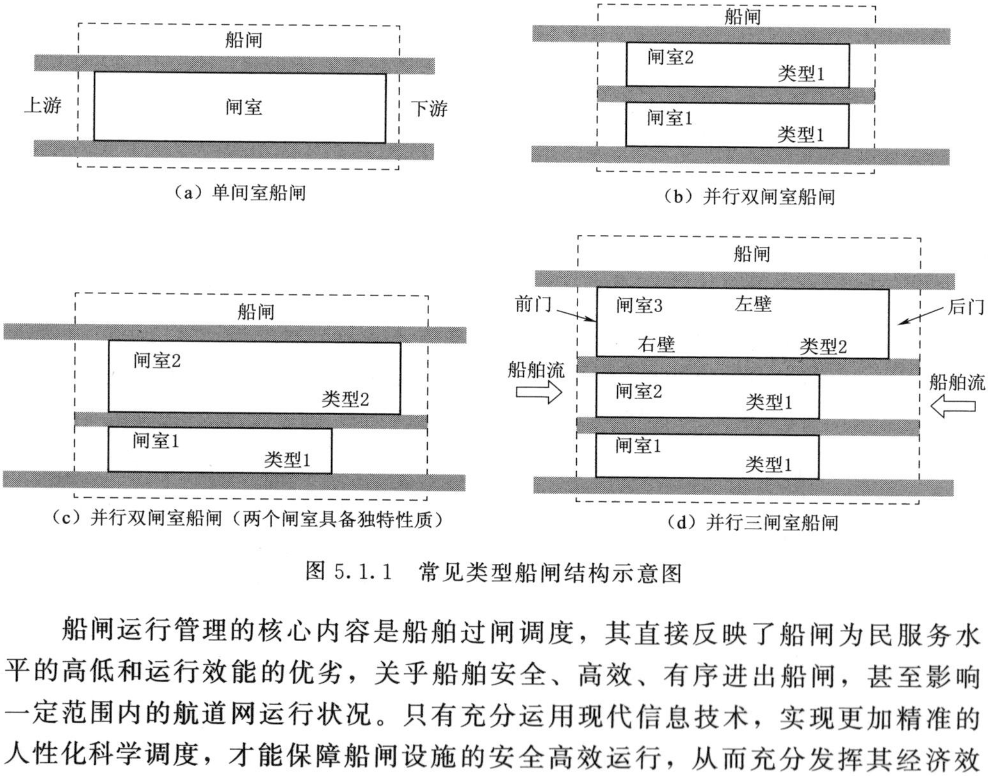

图 5.1.1 常见类型船闸结构示意图

船闸运行管理的核心内容是船舶过闸调度，其直接反映了船闸为民服务水平的高低和运行效能的优劣，关乎船舶安全、高效、有序进出船闸，甚至影响一定范围内的航道网运行状况。只有充分运用现代信息技术，实现更加精准的人性化科学调度，才能保障船闸设施的安全高效运行，从而充分发挥其经济效益和社会效益。

瞭望站这一组件作为船闸调度系统硬件构造的初始环节，它专注于登记、计费以及排序等工作。值得注意的是，船舶类型识别也是在这里完成的。通常来说，其主要任务围绕着以下几个核心功能展开。

1）对抵达的船舶进行全面且细致的检查与登记，包括吨位、尺度、货物承载等必要信息。

2）依照船闸与引航道的理论运行状况，科学地调度船舶进入引航道以及待排区域。

3）具备简洁高效的售票机制，以确保船闸营运的顺畅。

4）拥有充足的工作人员，以保障船闸及引航道的正常运转与井然秩序。

5）配置优质的基础设施，便于船舶的停靠及其船员的休憩和休闲活动。

引航道这一重要组成部分，它犹如船闸调度系统中的血管，桥梁之于城市交通，直接关系到船闸是否能顺畅运作。因此，引航道的规划与构建必须基于船舶的尺寸、种类、货物承载以及各种自然环境等因素而定。同时，还需充分考虑各类船舶的需求，以确保其规模适当，设置准确，从而避免因不合理布置或尺度不足而导致的安全隐患及运营效率下降。

船舶待闸停泊区就如字面上的意思一样，是为了船舶在进入船闸前，停靠等待调度的区域，设立这个区域的目的就是使船舶有序地进行过闸。普通大型的船闸和双线的船闸，会设立很多类型的待排区，例如预调度待排区域，检查登记待排区域等。

软件方面主要包括根据船舶排队队列设计排队规则、确定闸室船舶组合方式。

作为一种以维护船闸运行通畅，确保船舶快速通过闸室为核心目的的技术实践系统，船闸调度的主要职责即是组织协调需要进出闸室的船舶流，安排科学有效的过闸方案。在考虑最大限度利用闸室面积和最大程度减少船舶待闸程度的基础上，尽量避免船舶在坝区过多地消耗宝贵时光排长队等候过闸，从而减轻航运业和相关企业遭受的经济损失。船闸调度的优化必须充分顾及船舶队列的最佳排序，同时依据各个闸室的特异性，挑选出能够使闸室面积得到最大化利用的船闸船舶组合策略，进而引导船舶按照设定的次序逐个抵达闸室并发船。明确每艘船舶在预定时间处于哪一个闸室之中，若是多闸室的船闸则需清楚其在具体哪一个闸室之中。而不断地对调度方案进行优化就能在某一程度上最大化地减少经济损失，这就是船闸调度的优化工作。船闸调度的优化工作包括两大部分：船舶队列的精准排序和船闸内船舶配置的合理搭配。根据不同闸室的特点，再结合闸室的空间情况和船舶体积，寻找到能最大化使用闸室空间的方案。为此，有必要针对船舶队列排序和船闸船舶组合这两大核心议题建立相应的数学模型，以便寻找出最为理想化的解决方案。

5.1.2 混合整数规划模型构建准则

在处理混合整数线性规划问题方面，当前最为精密且实用的求解算法框架的核心构件主要包括分支定界法（branch and bound）以及诸如割平面方法（cutting planes method）等能够显著提升分支定界效率的各类策略与技术手段[1]。

Verstichel 等[2] 最早提出了针对船闸调度问题的混合整数线性规划（mixed integer linear programming，MILP）模型，并且借助于 Gurobi 优化器成功实现了这一模型的求解过程。然而，值得关注的是，文献［2］中所提供的 MILP 模型部分约束条件的表述方式并不严谨，甚至存在潜在的逻辑错误。为了呈现一个更为精确且全面的模型，同时也为了保证问题描述的完整性，本章采用国内现有的已经适当修订和调整后的 MILP 模型。此外，为了使所展示的模型结构更加简洁明了，便于阅读和理解，本章所展示的模型将所有船舶都设定为向上游航行。对于下游航行方向的相关参数、变量及约束条件，其设置方式与上游方向完全相同，故在此不再赘述。需要特别指出的是，文献［2］中所讨论的船闸调度模型既涵盖了内河船闸，又涉及了海港船闸。其中，海港船闸与运河船闸之间的差异主要体现在船闸闸次持续时间方面。在内陆船闸中，人们普遍认为一个闸次的持续时间不会受到船舶数量的影响，而是保持固定不变；而在海港船闸中，闸次持续时间会受到正在通过该闸次的船舶数量的显著影响。鉴于本书采用内陆船闸的情况较为简化，因此对相关约束条件进行了相应的修改。

模型中的符号说明如下。

（1）参数和设置。

N：代表船舶的总数量，即有 n 艘船舶需要处理，分别通过下标 i，j 来表示这些船舶的编号，其中 i，j 的取值范围是［1，n］。

w_i，l_i：代表了第 i 艘船舶的宽度和长度，这两个数值都是从 1 开始递增的整数。

$MR_i \in N$：船舶 i 集合表示的是在船闸内能够安全停泊的船舶，也就是那些符合安全标准的船舶。

wct_i：衡量第 i 艘船舶过闸所需时间的权重值。

a_i：指第 i 艘船舶的预计到达时间。

$FS \in N$：这个集合代表的是必须遵守先到先过原则的船舶，也就是说，只有当这些船舶先进入闸室后，其他船舶才能依次进入。

TP：指船闸可用室的类型，它的下标用 t 来表示。

M：表示船闸的集合，它的下标用 k 和 l 来表示。

M_t：表示类型为 t 的闸室相对应的闸次数的集合。

U_t：t 类型的物理闸室，它们是用 u 来进行索引的。

W_t，L_t：表示 t 型闸室的宽度和长度。

W，L：所有闸室的最大宽度和长度，其中 W 等于所有 W_t 中的最大值，而

L 也是如此，它们都取自于所有 L_t 中的最大值。$W=\max\{W_t\}$，$L=\max\{L_t\}$，$t\in TP$。

Sp_0：每个闸室的左侧位置，$X_0=0$，$Y_0=0$。

$Spn+t$：类型为 t 的闸室的右侧位置，$xn+t=W_t$，$yn+t=0$。

P_t：类型为 t 的闸室一个闸次的持续时间。

stt：如果类型为 t 的闸室连续运行两个同向闸次时，这两个同向闸次之间的“倒闸”时间。

$C_{\max}$：完成时间的上限，假设它足够大。

（2）变量。

x_i、y_i：整数变量，分别定义了船舶 i 的横向以及纵向坐标位置，用以定义其在船闸固定装置中的具体位置。

lt_{ij}：二进制变量，只有在船舶 i 完全位于船舶 j 的左侧时，才会被赋值为 1。

b_{ij}：二进制变量，只有在船舶 i 完全位于船舶 j 的后方时，才会被赋值为 1。

ml_{ij}、mr_{ij}：二进制变量，其中 ml_{ij} 表示船舶 i 是否停靠在船舶 j 的左侧，如果是则赋值为 1，反之则赋值为 0；而 mr_{ij} 则表示船舶 i 是否停靠在船舶 j 的右侧，与之类似。

Z_k：二进制变量，Z_k 用于表示闸次 k 是否需要进行运行操作，如果不需要则赋值为 0。

f_{ik}：二进制变量，$f_{ik}=1$ 只有在船舶 i 曾经由闸次 k 提供服务并成功过闸时，才会被赋值为 1。

v_{ij}：二进制变量，用于表示船舶 i 和 j 是否在同一个闸次中完成过闸操作。

c_i：船舶 i 过闸操作的结束时间，也就是为该船舶提供服务的闸次的结束时间。

C_k：表示闸次 k 的结束时间。

sq_{kl}：二进制变量，只有在闸次 k 和 l 同时在同一个闸室内进行运行操作时，才会被赋值为 1。

$pcku$：二进制变量，只有在闸次 k 在闸室 k 中进行运行操作时，$pcku$ 才会被赋值为 1；否则 $pcku=0$。

sc_{ij}：二进制变量，表示船舶 i 和 j 是否在同一个闸室内完成过闸操作，如果是则赋值为 1，反之则赋值为 0。

$T_{\max}$：所有船舶的最大延迟时间。

5.1.3 目标函数和约束条件构建方法

1. 目标函数

此数学模型旨在以船舶的总闸次、船舶过闸结束时间的加权（即出闸时间）以及船舶最大待闸时间这三项关键指标为主要考量因素，建立一套科学合理且具有针对性的优化算法，以此来设定最为合适的目标函数。对于这三个因素的权重分配，根据实际算例情况进行灵活调整。例如，在枯水季节，可以适当增加第一部分的权重，以确保能够尽可能地降低船舶的总闸次，从而达到节约用水的目的；又比如，当出现船舶积压现象时，可以适度提高第二部分的权重，以便于尽快安排船舶过闸，缩短船舶的待闸时间；至于第三部分，其主要作用在于防止个别船舶在抵达坝区之后，由于其他船舶的插队行为而长时间无法顺利过闸，从而在一定程度上保障了过闸过程中的公正性，同时也考虑了船东对服务质量的满意度。

$$K_1\sum_{K\in M}Z_k+K_2\sum_{i\in N}wct_ic_i+K_3T_{\max} \tag{5.1.1}$$

2. 约束条件

以下列出的制约条件进行分类解析，具体来说，式（5.1.2）～式（5.1.31）主要涉及的是闸室内闸档子问题，而式（5.1.32）～式（5.1.43）则指向了闸次调度子问题。式（5.1.2）～式（5.1.24）确保任意两艘被安排在同一闸次的船舶不能互相重叠。

$$lt_{ij}+lt_{ji}+b_{ij}+b_{ji}+(1-f_{ik})+(1-f_{jk})\geqslant 1,(\forall i<j,i,j\in N,k\in M) \tag{5.1.2}$$

$$x_i+w_i\leqslant x_j+W(1-lt_{ij}),(\forall i\neq j,i,j\in N) \tag{5.1.3}$$

$$y_i+l_i\leqslant y_j+L(1-b_{ij}),(\forall i\neq j,i,j\in N) \tag{5.1.4}$$

式（5.1.5）明确规定了确保相邻船舶间安全距离的要求，而此种安全距离需依据各船舶或者其所配备的拖轮实际情况来确定。具体来说，处于同等拖轮需求下的两艘船舶，其相互间应保持足够远的间距，然而对于仅有单艘船舶需要配备拖轮的情形而言，另一艘船舶与其之间的安全距离则可以适当放宽。

$$x_j-x_i+(W+sw_{ij})(1-lt_{ij}+b_{ij})\geqslant w_i+sw_{ij},(\forall i,j\in N) \tag{5.1.5}$$

式（5.1.6）为了确保闸室内船舶的安全性，两艘前后相邻的船舶需保证其具有适当的安全距离。而该安全距离的设定则主要依据于两艘船舶的船体规格及各自所属的船种类别。例如，若为同属于海船类别的两艘船舶，那么它们之间所需保持的安全距离应远大于仅由一艘海船与另一艘所组成的类似组合间的安全距离。

$$y_j-y_i+(L+sl_{ij})(1-b_{ij}+it_{ij})\geqslant l_i+sl_{ij},(\forall i,j\in N) \tag{5.1.6}$$

式（5.1.7）～式（5.1.9）为了保障船舶 i 在闸室 t 类中顺利通行，该船必须准确地置于闸室的刚性区域范围之内，同时保证闸室底部的水深能够满足船只的最大吃水深度。

$$x_i+w_i\leqslant W_t+(1-f_{ik})W,(\forall i\in N,t\in TP,k\in M_t) \tag{5.1.7}$$

$$y_i+l_i\leqslant L_t+(1-f_{ik})L,(\forall i\in N,t\in TP,k\in M_t) \tag{5.1.8}$$

$$d_i \leqslant D_\varepsilon + (1 - f_{ik})D, (\forall i \in N, t \in TP, k \in M_t) \tag{5.1.9}$$

式（5.1.10）和式（5.1.11）务必保证在闸室中的船舶与其前方及后方入口处保持适当的安全距离。

$$y_i \geqslant df_i, (\forall i \in N) \tag{5.1.10}$$

$$y_i + l_i \leqslant L_t - db_i + (1 - f_{ik})L, (\forall i \in N, t \in TP, k \in M_t) \tag{5.1.11}$$

式（5.1.12）是为保证每艘船舶只被一个闸次服务过闸，防止计算过程中出现重复。

$$\sum_{k \in M} f_{ik} = 1, (\forall i \in N) \tag{5.1.12}$$

式（5.1.13）规定了倘若有某一艘船舶成功进入任一闸次，则此闸次亦必然启动运转。

$$f_{ik} \leqslant z_k, \forall i \in N, (k \in M) \tag{5.1.13}$$

式（5.1.14）～式（5.1.17）描述当船舶 i 要停靠在船舶 j 左侧时需保证这两艘船舶相邻并且船舶 i 的长度完全包含在船舶 j 的长度内，其中式（5.1.16）和（5.1.17）描述两艘船舶相邻。

式（5.1.14）～式（5.1.31）对闸室排挡子问题中的船只靠泊进行了详尽的规定。特别需要强调的是，先前所提出的关于式（5.1.16）～式（5.1.19）以及式（5.1.23）～式（5.1.26）并未充分考虑船舶之间的安全间距，因此，这部分规定与式（5.1.5）存在明显矛盾。为此，特地对上述相关约束条件进行了修正。同时，有必要指出，后面从式（5.1.25）～式（5.1.29）的表述方式也与文献［2］有所出入。

$$y_j - y_i \leqslant (1 - ml_{ij})L, (\forall i \in N, j \in MR_i) \tag{5.1.14}$$

$$y_i - y_j \leqslant l_j - l_i + (1 - ml_{ij})L, (\forall i \in N, j \in MR_i) \tag{5.1.15}$$

$$x_j - x_i \leqslant w_i + (1 - ml_{ij})W, (\forall i \in N, j \in MR_i) \tag{5.1.16}$$

$$x_j - x_i \geqslant w_i - (1 - ml_{ij})W, (\forall i \in N, j \in MR_i) \tag{5.1.17}$$

所有船舶除了可以选择停泊在闸室内另一艘船舶的左侧之外，亦可将其置于紧挨着闸室内右侧墙壁。当船舶 i 在特定类型的闸室内进行通过操作并最终停泊于该壁的左侧位置时，由于约束条件式（5.1.7）和式（5.1.8）已预先确认了船舶长度能够在闸室长度规定的范围之内，因此仅需运用约束条件式（5.1.18）和式（5.1.19）来确保船舶 i 与其所处的闸室内右侧墙壁保持邻接状态。

$$x_{n+t} - x_i \leqslant w_i + (1 - ml_{i,n+t})W, (\forall i \in N, t \in TP) \tag{5.1.18}$$

$$x_{n+t} - x_i \geqslant w_i - (1 - ml_{i,n+t})W, (\forall i \in N, t \in TP) \tag{5.1.19}$$

$$ml_{i,n+t} \leqslant \sum_{k \in M_t} f_{ik}, (\forall i \in N, t \in TP) \tag{5.1.20}$$

约束条件式（5.1.21）～式（5.1.24）详细地阐述了当船舶 i 计划停靠在船

舶 j 右侧位置时，必须确保这两艘船舶紧密相连，且船舶 i 的整体长度须完完全全地被纳入船舶 j 的长度范围之内。特别值得注意的是，约束条件式（5.1.23）与式（5.1.24）明确规定了两艘船舶之间必须保持紧密相邻的状态。

$$y_j - y_i \leqslant (1 - mr_{ij})L, (\forall i \in N, j \in MR_i) \tag{5.1.21}$$

$$y_i - y \leqslant l_j - l_i + (1 - mr_{ij})L, (\forall i \in N, j \in MR_i) \tag{5.1.22}$$

$$x_j - x_i \leqslant -w_j + (1 - mr_{ij})W, (\forall i \in N, j \in MR_i) \tag{5.1.23}$$

$$x_j - x_j i \geqslant -w_j - (1 - mr_{ij})W, (\forall i \in N, j \in MR_i) \tag{5.1.24}$$

同样，船舶不仅能选择停泊在另一艘船舶的右侧位置，而且还可以选择将其船体安置在闸室左侧墙壁的右侧部位。当某艘船舶 i 的船舶经过具有特定类型 t 的闸室并决定停靠在闸室左侧墙壁的右侧区域时，由约束条件式（5.1.25）和式（5.1.26）所设定的约束能够保证船舶 i 与其右侧的闸室墙壁保持紧密相邻的关系。

$$x_0 - x_i \leqslant -w_i + (1 - mr_{i,0})W, (\forall i \in N) \tag{5.1.25}$$

$$x_0 - x_i \geqslant -w_i + (1 - mr_{i,0})W, (\forall i \in N) \tag{5.1.26}$$

式（5.1.27）要求每一艘船舶在码头闸室之内，须确保停泊于一艘长度大于自身的其他船舶的边侧，或是位于闸室的某一特定侧方位内。

$$\sum_{j \in MR_i} (ml_{ij} + mr_{ij}) + mr_{i,0} + \sum_{t \in TP} ml_{i,n+t} \geqslant 1, \ (\forall i \in N, j \in MR_i) \tag{5.1.27}$$

若两艘船舶等长，那么在彼此之间进行停靠是完全可行的，同时这两艘船舶也不会处于任何较大的船只侧面。因此，约束条件式（5.1.28）可以有效地防止此类问题的出现。

$$ml_{ij} + mr_{ji} \leqslant 1, (\forall i \in N, j \in MR_i) \tag{5.1.28}$$

式（5.1.29）～式（5.1.31）所有船舶均不得在同一闸次内相互进行停靠操作行为，这意味着仅有在处于同一闸次中的船舶才被允许进行相互停靠。

$$ml_{ij} + mr_{ij} \leqslant v_{ij}, (\forall i \in N, j \in MR_i) \tag{5.1.29}$$

$$f_{ik} - f_{jk} \leqslant 1 - v_{ij}, (\forall i < j, i, j \in N, k \in M) \tag{5.1.30}$$

$$f_{jk} - f_{ik} \leqslant 1 - v_{ij}, (\forall i < j, i, j \in N, k \in M) \tag{5.1.31}$$

关于闸次调度子问题所涉及的相关制约条件，由式（5.1.32）～式（5.1.43）进行明确表述。具体而言，在式（5.1.32）与式（5.1.33）中，明确了船舶必须在其所特定的闸次周期结束时离开所在闸室，特别值得注意的是，这里设定的数值变量 $C_{\max}$ 被赋予了一个足够庞大的数值，以确保其有效性。

$$c_i \geqslant C_{\max}(f_{ik}-1)+C_k,(\forall i \in N, k \in M) \tag{5.1.32}$$

$$c_i \geqslant C_{\max}(1-f_{ik})+C_k,(\forall i \in N, k \in M) \tag{5.1.33}$$

式（5.1.34）确保所有有效的闸次（至少需要为一艘船舶提供服务）均应被指定至某一特定种类的闸室，换言之，每个闸次都应当有相应类别闸室来执行过闸操作并为之服务。

$$\sum_{u \in U_t} pc_{ku} = z_k,(\forall k \in M_t, t \in TP) \tag{5.1.34}$$

式（5.1.35）～式（5.1.37）需严格确保同一闸室中相邻两个闸次的启动与终止时刻保持密切关联，具体体现为每个闸次必须等待前端的闸次完全完成后才能顺利启动。而式（5.1.35）为保证此类起止时刻的顺序性仅局限于同一闸室内的各个闸次之间。

$$pc_{ku} + \sum_{v \in U_t, v \neq u} pc_{iv} + sq_{kl} \leqslant 2,(\forall l > k, k, l \in M_t, u \in U_t, t \in TP) \tag{5.1.35}$$

$$\begin{aligned} & C_l - C_k + 2C_{\max}(3 - sq_{kl} - pc_{ku} - pc_{iu}) \geqslant p_t + st_t, \\ & (\forall k < l, k, l \in M_t, u \in U_t, t \in TP) \end{aligned} \tag{5.1.36}$$

$$\begin{aligned} & C_k - C_l + 2C_{\max}(2 + sq_{kl} - pc_{ku} - pc_{lu}) \geqslant p_t + st_t, \\ & (\forall k < l, k, l \in M_t, u \in U_t, t \in TP) \end{aligned} \tag{5.1.37}$$

式（5.1.38）为了保证一个闸次的运行只有在属于该闸次的船舶全部到达之后闸次才可以开始运行。

$$C_k - p_t z_k \geqslant f_{ik} a_i,(\forall i \in N, k \in M) \tag{5.1.38}$$

式（5.1.39）规定在船闸运行任何时刻，限制必须确保只有在闸次内至少存在一艘船舶的情况下，该闸次才能被视为有效并投入运作。

$$z_k \leqslant \sum_{i \in N} f_{ik},(\forall k \in M) \tag{5.1.39}$$

式（5.1.40）规定了所有船舶的最大待闸时间。船舶在该闸次周期内才能有效运行。

$$T_{\max} \geqslant c_i - a_i,(\forall i \in N) \tag{5.1.40}$$

式（5.1.41）～式（5.1.43）考虑到先到先过原则，在此明确其仅适用于处于同一闸室且需通过闸门的船只，在式（5.1.41）～式（5.1.43）中被规定。

$$c_i - c_j \leqslant C_{\max}(1 - sc_{ij}),(\forall i < j, i, j \in FS) \tag{5.1.41}$$

$$sc_{ij} \geqslant f_{ik} + f_{jl} + pc_{ku} + pc_{lu} - 3,(\forall i < j, i, j \in FS, k, l \in M_t, u \in U_t, t \in TP) \tag{5.1.42}$$

$$sc_{ij} \leqslant 5 - f_{ik} - f_{jl} - pc_{ku} - pc_{iu},(\forall i < j, i, j \in FS, k, l \in M_t, u \in U_t, t \in TP) \tag{5.1.43}$$

$$lt_{ij}, b_{ij} \in \{0,1\}, (\forall i \neq j, i, j \in N) \tag{5.1.44}$$

最终，所有变量的精确类型以及其允许变化的界限在式（5.1.44）～式（5.1.56）中被规定。

$$ml_{ij}, mr_{ij} \in \{0,1\}, (\forall i \in N, j \in MR_i) \tag{5.1.45}$$

$$ml_{i,n+t}, mr_{i,0} \in \{0,1\}, (\forall i \in N, t \in TP) \tag{5.1.46}$$

$$v_{ij} \in \{0,1\}, (\forall i < j, i, j \in N) \tag{5.1.47}$$

$$sc_{ij} \in \{0,1\}, (\forall i < j, i, j \in F) \tag{5.1.48}$$

$$z_k \in \{0,1\}, (\forall k \in M) \tag{5.1.49}$$

$$0 \leqslant c_i \leqslant C_{\max}, (\forall i \in N) \tag{5.1.50}$$

$$0 \leqslant C_k \leqslant C_{\max}, (\forall k \in M) \tag{5.1.51}$$

$$sq_{ki} \in \{0,1\}, (\forall k, l \in M) \tag{5.1.52}$$

$$sq_{ki} \in \{0,1\}, (\forall k, l \in M) \tag{5.1.53}$$

$$pc_{ku} \in \{0,1\}, (\forall k \in M_t, u \in U_t, t \in TP) \tag{5.1.54}$$

$$T_{\max} \geqslant 0 \tag{5.1.55}$$

$$\kappa_i, y_i \in \{0,1,\cdots,\infty\}, (\forall i \in N) \tag{5.1.56}$$

5.2 调 度 情 景

5.2.1 情景建立及模型运行

情景包含了船闸数据和船舶数据，船闸数据见表 5.2.1；其中船舶数据包括了船舶尺寸、航行方向以及船舶到达时间，见表 5.2.2。从表 5.2.2 可以看出，本次情景共有 20 艘船舶，它们分别陆续到达指定船闸，其平均间隔到达时间为 4min，其中上行船舶共有 8 艘，下行船舶共有 12 艘。

表 5.2.1 船 闸 数 据 表

闸室类型	宽/m	长/m	闸次持续时间/min	闸室编号
小型	16	136	16	1，2
大型	24	200	16	3

表 5.2.2 船 舶 数 据 表

序号	船舶宽度/cm	船舶长度/cm	到达时间/min	上行（1）或下行（0）
1	820	6700	241	0
2	1152	7647	247	1
3	800	7000	253	0
4	505	3960	260	0

续表

序号	船舶宽度/cm	船舶长度/cm	到达时间/min	上行（1）或下行（0）
5	550	2600	264	0
6	950	9000	266	0
7	1148	9000	266	0
8	658	2534	273	0
9	659	4985	278	0
10	900	2350	284	1
11	445	1875	289	0
12	820	8000	289	1
13	1140	10838	291	0
14	945	8550	293	1
15	1120	1900	300	1
16	898	8162	306	1
17	1120	1900	310	1
18	950	7000	313	0
19	660	5000	319	1
20	1048	10500	326	1

首先在船闸调度模型建立步骤中，根据前文中建立的数学模型将需要定义船舶和闸室的相关参数，包括船舶的属性（如宽度、长度、到达时间）、闸室的属性（宽度、长度、处理时间等），以及一些变量转化成Python代码。

在目标中权重的参数设置里根据具体模拟情况对一些参数进行设定，其中令 $C_{max}=10000$；令第一部分权重 k1=0.0；第二部分权重 k2=1.0；第三部分权重 k3=0.1。按照设定要求，将平行闸室相关的函数变量、目标函数及约束条件等要素在软件中用代码定义，从而成功构建了相应的调度模型如图5.2.1所示。最后，针对已经建成的船闸调度问题的整数线性规划模型，展开系统性的优化工作。

在模型求解的过程中需要运用到Cplex，一种高性能的商业数学优化软件，由IBM开发和维护用于解决线性规划[3]（LP）、整数规划（IP）、混合整数规划（MIP）、二次规划[4-5]（QP）、混合整数二次规划（MIQP）、约束规划（CP）、混合整数约束规划（MIPCP）等问题，在求解过程中可以很好地解决本书的混合整数规划问题，Cplex具有强大的求解算法和优化技术，可以在求解大规模优化问题时提供高效的性能和准确的解决方案。它在各个领域，如供应链

```
Minimize
1.000000 c(1) +
1.000000 c(9) + 1.000000 c(11) + 1.000000 c(13) + 1.000000 c(14) + 1.000000 c(15) +
1.000000 c(18) + 1.000000 c(19) + 1.000000 c_(0) +
1.000000 c_(2) + 1.000000 c_(3) + 1.000000 c_(4) + 1.000000 c_(5) + 1.000000 c_(6) +
1.000000 c_(7) + 1.000000 c_(8) + 1.000000 c_(10) + 1.000000 c_(12) + 1.000000 c_(16) +
1.000000 c_(17) + 0.100000 Tmax
Subject To
 c1: left(1,9) + left(9,1) + b(1,9) + b(9,1) - f(1,1) - f(9,1) >= -1
 c2: left(1,11) + left(11,1) + b(1,11) + b(11,1) - f(1,1) - f(11,1) >= -1
 c3: left(1,13) + left(13,1) + b(1,13) + b(13,1) - f(1,1) - f(13,1) >= -1
 c4: left(1,14) + left(14,1) + b(1,14) + b(14,1) - f(1,1) - f(14,1) >= -1
 c5: left(1,15) + left(15,1) + b(1,15) + b(15,1) - f(1,1) - f(15,1) >= -1
 c6: left(1,18) + left(18,1) + b(1,18) + b(18,1) - f(1,1) - f(18,1) >= -1
 c7: left(1,19) + left(19,1) + b(1,19) + b(19,1) - f(1,1) - f(19,1) >= -1
 c8: left(9,11) + left(11,9) + b(9,11) + b(11,9) - f(9,1) - f(11,1) >= -1
 c9: left(9,13) + left(13,9) + b(9,13) + b(13,9) - f(9,1) - f(13,1) >= -1
 c10: left(9,14) + left(14,9) + b(9,14) + b(14,9) - f(9,1) - f(14,1) >= -1
 c11: left(9,15) + left(15,9) + b(9,15) + b(15,9) - f(9,1) - f(15,1) >= -1
 c12: left(9,18) + left(18,9) + b(9,18) + b(18,9) - f(9,1) - f(18,1) >= -1
 c13: left(9,19) + left(19,9) + b(9,19) + b(19,9) - f(9,1) - f(19,1) >= -1
 c14: left(11,13) + left(13,11) + b(11,13) + b(13,11) - f(11,1) - f(13,1) >= -1
 c15: left(11,14) + left(14,11) + b(11,14) + b(14,11) - f(11,1) - f(14,1) >= -1
 c16: left(11,15) + left(15,11) + b(11,15) + b(15,11) - f(11,1) - f(15,1) >= -1
 c17: left(11,18) + left(18,11) + b(11,18) + b(18,11) - f(11,1) - f(18,1) >= -1
 c18: left(11,19) + left(19,11) + b(11,19) + b(19,11) - f(11,1) - f(19,1) >= -1
 c19: left(13,14) + left(14,13) + b(13,14) + b(14,13) - f(13,1) - f(14,1) >= -1
 c20: left(13,15) + left(15,13) + b(13,15) + b(15,13) - f(13,1) - f(15,1) >= -1
 c21: left(13,18) + left(18,13) + b(13,18) + b(18,13) - f(13,1) - f(18,1) >= -1
 c22: left(13,19) + left(19,13) + b(13,19) + b(19,13) - f(13,1) - f(19,1) >= -1
 c23: left(14,15) + left(15,14) + b(14,15) + b(15,14) - f(14,1) - f(15,1) >= -1
 c24: left(14,18) + left(18,14) + b(14,18) + b(18,14) - f(14,1) - f(18,1) >= -1
 c25: left(14,19) + left(19,14) + b(14,19) + b(19,14) - f(14,1) - f(19,1) >= -1
```

图 5.2.1 生成的调度模型文本

管理、生产调度、电力系统优化、交通规划等方面得到广泛应用。从下面优化过程的展示可以看出其高效性及优越性，本章使用 Cplex 求解模型的步骤代码程序及其含义如下。

1. 读取调度模型数据（Read）

```
CPLEX>read D:\L_Single_Large_R_4_20_0.5.LP
Warning:'End' missing.
Problem 'D:\L_Single_Large_R_4_20_0.5.LP read.
Read time=0.01 sec.(1.46 ticks)
```

2. 对模型进行优化求解（Optimize）

```
CPLEX> optimize
Version identifier:22.1.0.0 | 2022-03-09 | 1a383f8ce
Tried aggregator 3 times.
MIP Presolve eliminated 5422 rows and 561 columns.
MIP Presolve modified 18539 coefficients.
Aggregator did 26 substitutions.
```

```
MIP Presolve eliminated 5422 rows and 561 columns.
MIP Presolve modified 18539 coefficients.
Aggregator did 26 substitutions.
Reduced MIP has 8968 rows,1713 columns,and 35757 nonzeros.
Reduced MIP has 1526 binaries,128 generals,0 SOSs,and 0 indicators.
Presolve time=0.05 sec.(35.53 ticks)
Probing fixed 4 vars,tightened 44 bounds.
Probing time=0.03 sec.(16.72 ticks)
Tried aggregator 2 times.
Detecting symmetries...
MIP Presolve eliminated 321 rows and 11 columns.
MIP Presolve modified 17724 coefficients.
Aggregator did 37 substitutions.
Reduced MIP has 8610 rows,1665 columns,and 34723 nonzeros.
Reduced MIP has 1577 binaries,88generals,0 SOSs,and 0 indicators.
Presolve time=0.05 sec.(45.37 ticks)
Probing time=0.02 sec.(4.78 ticks)
Cover probing fixed 0 vars,tightened 49 bounds.
Clique table members:11060.
MIP emphasis:balance optimality and feasibility.
MIP search method:dynamic search.
Parallel mode:deterministic,using up to 8 threads.
Root relaxation solution time=0.05 sec.(34.31 ticks)
```

此步骤中 Tried aggregator 表示在混合整数规划预处理阶段尝试了聚合器，MIP Presolve eliminated 表示在 MIP 预处理阶段，消除了多余的行列，从而提高求解效率；MIP Presolve modified 表示在 MIP 预处理阶段对系数进行修改；Aggregator did substitutions 表示聚合器进行替换操作；Reduced MIP 表示简化后的 MIP 问题，nonzeros 表示其中的非零元素；Reduced MIP has binaries，generals，SOS，indicators 表示简化后的 MIP 问题中包含的二进制变量、一般变量、SOS（Special Ordered Sets）和 0 个指示器；Presolve time 表示预处理阶段消耗的时间；Probing fixed vars，tightened bounds 表示探测阶段固定的变量，收紧的边界；Cplex 在混合整数规划（MIP）搜索过程中注重了平衡最优性和可行性，使用动态搜索方法来解决 MIP 问题，以确定性的方式使用多线程并行计算。

其中截取了一段代码文本图片（图 5.2.2），在这个求解过程中，算法经过多次迭代和剪枝，尝试不同的分支和约束条件来寻找最优解。文本中包含了不同阶段的目标值（Objective Value）、剪枝次数（Cuts）、剩余节点数（Nodes）、当前阶段找到的最优可行解（Best Integer）、当前阶段找到的最优松弛解（Best Bound）、当前最优松弛解与最优可行解之间的差距（Gap），通常用百分比表

```
         Nodes                                          Cuts/
    Node  Left     Objective  IInf  Best Integer    Best Bound    ItCnt     Gap

       0     0        0.0000   167                     0.0000      239
       0     0        0.0000   154                  Cuts: 199      462
       0     0        0.0000   137                  Cuts: 522      740
       0     0      677.0000   302                  Cuts: 495     1588
*     0+     0                        28623.2000     677.0000             97.63%
*     0+     0                        28621.9000     677.0000             97.63%
       0     0      679.3678   260    28621.9000    Cuts: 235     2022    97.63%
*     0+     0                        28597.6000     679.3678             97.62%
       0     0  -1.00000e+75     0    28597.6000     679.3678     2022    97.62%
       0     0      690.7547   277    28597.6000     Cuts: 72     2300    97.58%
Detecting symmetries...
       0     0      695.6873   263    28597.6000     Cuts: 57     2522    97.57%
       0     0      696.8898   257    28597.6000     Cuts: 66     2687    97.56%
       0     0      698.8560   256    28597.6000     Cuts: 50     2824    97.56%
    1741     0     8405.6849   208    11531.1000    Cuts: 149    45023    27.10%
    1741     0     8422.5274   202    11531.1000     Cuts: 66    45117    26.96%
    1741     0     8423.9644   206    11531.1000     Cuts: 88    45222    26.79%
    1741     0     8431.0295   200    11531.1000     Cuts: 58    45324    26.79%
    1741     0     8447.6374   181    11531.1000     Cuts: 66    45929    26.49%
    1741     0     8448.3297   184    11531.1000    Cuts: 134    46018    26.49%
    1741     0     8451.0877   184    11531.1000     Cuts: 58    46069    26.48%
    1741     0     8462.4921   175    11531.1000     Cuts: 37    46119    26.48%
    1741     0     8465.8132   191    11531.1000     Cuts: 19    46140    26.47%
    1741     0     8466.0966   192    11531.1000     Cuts: 11    46156    26.47%
    1741     0     8485.8114   190    11531.1000     Cuts: 16    46168    26.41%
    1741     0     8486.8924   193    11531.1000      Cuts: 8    46184    26.40%
    1741     0     8487.7973   196    11531.1000      Cuts: 7    46254    26.39%
* 65355+     0                        10973.4000   10899.6000              0.67%
   65355     0    10899.6000   129    10973.4000    Cuts: 343  1112936     0.67%
* 65355+     0                        10969.4000   10899.6000              0.64%
   65355     0    10899.6000   133    10969.4000    Cuts: 169  1113268     0.64%
* 65355+     0                        10930.0000   10899.6000              0.28%
   65355     2    10899.6000    34    10930.0000   10899.6000  1113361     0.28%
* 65520     94      integral     0    10927.2000   10899.6000  1115524     0.25%
* 65572+   123                        10920.0000   10899.6000              0.19%
* 65581    115      integral     0    10915.0000   10899.6000  1116628     0.14%
```

图 5.2.2　求解过程文本图片

示，并最终得到最优解（Optimal Solution）。

3. 解文件命名

求解出来的解文件命名为 L_Single_Large_R_4_20_0.5.sol，其文件格式为 sol 格式，该命令步骤如图 5.2.3 所示。

```
Mixed integer rounding cuts applied:  53
Zero-half cuts applied:  1
Lift and project cuts applied:  2
Gomory fractional cuts applied:  13

Root node processing (before b&c):
  Real time             =    6.17 sec. (3645.84 ticks)
Parallel b&c, 8 threads:
  Real time             =   89.63 sec. (41689.53 ticks)
  Sync time (average)   =    8.92 sec.
  Wait time (average)   =    0.02 sec.
                          ------------
Total (root+branch&cut) =   95.80 sec. (45335.37 ticks)

Solution pool: 61 solutions saved.

MIP - Integer optimal solution:  Objective =  1.0915000000e+04
Solution time =   95.83 sec.  Iterations = 1129976  Nodes = 65963
Deterministic time = 45335.38 ticks  (473.09 ticks/sec)

CPLEX> write L_Single_Large_R_4_20_0.5.sol
```

图 5.2.3　文件命名命令

4. 解文件文本


```
problemName="R_4_20_0.5.sol"
    solutionName="incumbent"
    solutionIndex="-1"
    objectiveValue="6293.1000000000004"
    solutionTypeValue="3"
    solutionTypeString="primal"
    solutionStatusValue="102"
    solutionStatusString="integer optimal,tolerance"
    solutionMethodString="mip"
    primalFeasible="1"
    dualFeasible="0"
    MIPNodes="370162"
    MIPIterations="6876202"
    writeLevel="1"/>
<quality
    epInt="1.0000000000000001e-05"
    epRHS="9.9999999999999995e-07"
    maxIntInfeas="0"
    maxPrimalInfeas="0"
    maxX="11700"
    maxSlack="25325"/>
</variables>
<objectiveValues>
    <objective index="0" name="obj1" value="6293.1000000000004"/>
"6293.1000000000004"。
</objectiveValues>
</CPLEXSolution>
```


此步骤中在给定约束条件下，由于运算过程中精度缺失，优化问题的目标函数所达到的值近似取为 6293.1；解决方案类型值为 3。提到了原始解、解的状态值最以及优整数解；使用解的方法为 MIP；表示原始问题的可行性其值为 1，即可行；表示对偶问题的可行性，其值为 0，即对偶问题不可行；表示在解决整数规划问题时探索的节点数为 370162；在解决整数规划问题时执行的总迭代次数为 6876202 次；提到了写入级别，即写入解的详细程度，整数容差，即整数解的容差，右手边容差，即约束条件的容差；表示整数不可行性的最大值，即整数解的不可行性程度，表示原始问题的最大不可行性，即原始问题的不可行性程度；变量 X 的最大值为 11700；松弛变量的最大值为 25325；表示目标函数值的部分，在这里，目标函数的索引为 0，名称为“obj1”，值为“6293.1000000000004”。

5. 获取决策变量的值

如图 5.2.4 所示，调度模型求解后 Cplex 输出的解文件是 sol 格式，它实际上是一种 XML 文件。XML 文件通常由声明部分、根元素、元素、属性、注释、CDATA 部分以及命名空间组成。XML 文件的结构清晰，具有良好的可读性和可扩展性，常用于数据交换和配置文件等场景。XML 文件格式严格遵循 XML 规范，任何不符合规范的 XML 文件都会导致解析错误。

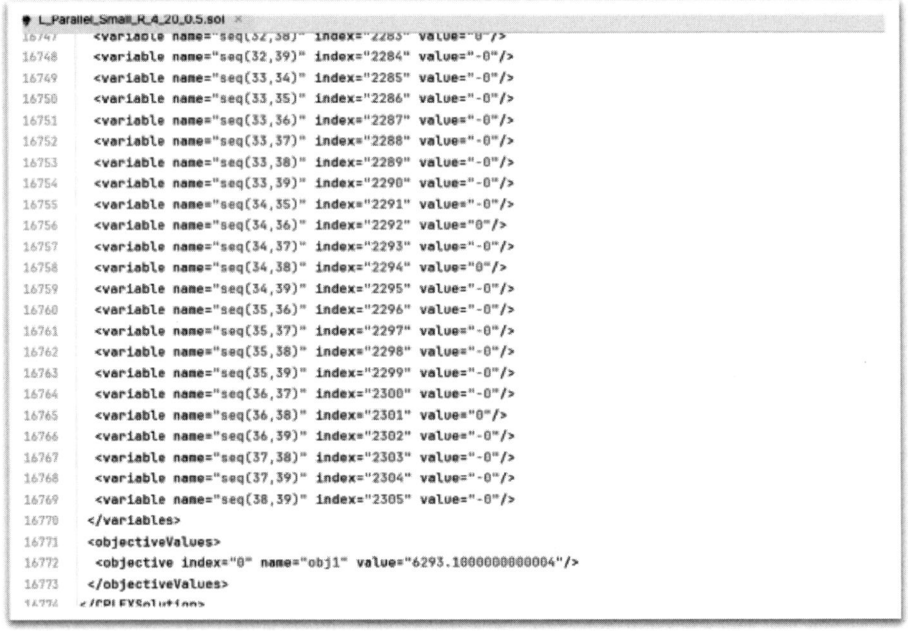

图 5.2.4 调度模型求解后的决策变量

在此过程中我们想要得到的是它的解以及个别决策变量的值，因此通过使用 Python 模块调用 XML 解析库来获取决策变量的值，最终得到目标值。

该步骤代码程序及其含义如下：

```
import xml.etree.ElementTree as ET
import numpy as np
tree=ET.parse("L_Single_Large_R_4_20_0.5.sol")
header=tree.find("header")
objval=header.attrib['objectiveValue']
print(objval)
variables=tree.find("variables")
varname=[]
varvalue=[]
```

```
for var in varlist:
    varname.append(var.attrib["name"])
    varvalue.append(var.attrib["value"])
print(var.attrib["name"],var.attrib["value"])
npvarname=np.array(varname)
npvarvalue=np.array(varvalue)
```

在此过程中使用 ElementTree 模块的 parse 函数解析名；在 XML 文件中查找名为“header”的元素，并将其赋值给 header 变量；从“header”元素的属性中获取名为“objectiveValue”的值，将其赋值给 objval 变量；在 XML 文件中查找名为“variables”的元素，并将其赋值给 variables 变量；使用 iter 方法获取所有名为“variable”的子元素，并将其转换为列表赋值给 varlist 变量；Varname 和 varvalue 分别表示列表用于存储变量名和变量值；varlist 列表中的每个变量元素。将每个变量元素的“name”和“value”属性值分别添加到 varname 和 varvalue 列表中；使用 NumPy 库将 varname 列表转换为 NumPy 数组，并赋值给 npvarname 变量；使用 NumPy 库将 varvalue 列表转换为 NumPy 数组，并赋值给 npvarvalue 变量。

5.2.2 小型闸室调度情景结果分析

通过整理模拟情景数据知本章计算小型闸室（闸室 1 和闸室 2）的情景共运行 11 个闸次，先后通过了 20 艘船舶，其中船舶在小型闸室中的 X 坐标和 Y 坐标位置具体分布情况，各船舶所在闸次及船舶离开时间见表 5.2.3，各闸次在何闸室运行（闸室 1 或闸室 2）及各闸次对应结束时间见表 5.2.4。

表 5.2.3　　小型闸室船舶分布表

序号	X 坐标/cm	Y 坐标/cm	船舶所在闸次	船舶离开时间/min
1	780	0	1	257
2	448	0	2	263
3	800	0	5	314
4	0	0	3	282
5	0	3960	3	282
6	650	0	3	282
7	452	4600	4	305
8	0	1875	4	305
9	0	8615	5	314
10	700	11250	6	321
11	0	0	4	305

续表

序号	X 坐标/cm	Y 坐标/cm	船舶所在闸次	船舶离开时间/min
12	780	0	7	335
13	460	0	9	351
14	655	1900	6	321
15	480	0	6	321
16	702	5438	10	353
17	480	11700	8	337
18	650	0	8	337
19	0	0	7	335
20	552	0	11	367

表 5.2.4 闸次运行位置及结束时间表

闸次数	该闸次在闸室（1 或 2）中运行	闸次结束时间/min
1	1	257
2	2	263
3	2	282
4	1	305
5	2	314
6	1	321
7	2	335
8	1	337
9	2	351
10	1	353
11	2	367

小型船闸情景中，通过处理船舶到达时间与进闸时间的差值，计算后得到优化后通过小型船闸的船舶平均待闸时间为 14.95min，小于常规运行（有若干船舶待闸，闸室已容纳不下更多船舶，立即运行一个闸次）调度方式的 16min。在总运行闸次方面，优化调度后两个小型闸室共计运行了 11 个闸次，小于常规运行的 12 个闸次。小型闸室优化调度前后对比见表 5.2.5。

表 5.2.5 小型闸室优化调度前后对比

调度类型	平均待闸时间/min	总运行闸次
常规运行	16	12
优化调度后	14.95	11

5.2.3 大型闸室调度情景结果分析

通过整理模拟情景数据知大型闸室（闸室 3）的情景共运行 6 个闸次，先后通过了 20 艘船舶，其中船舶在大型闸室中的 X 坐标和 Y 坐标位置具体分布情况，各船舶所在闸次及船舶离开时间见表 5.2.6，各闸次对应结束时间见表 5.2.7。大型船闸共 6 个闸次均在闸室 3 内运行。

表 5.2.6　　大型闸室船舶分布表

序号	X 坐标/cm	Y 坐标/cm	船舶所在闸次	船舶离开时间/min
1	0	2055	1	257
2	0	0	2	273
3	1600	0	3	294
4	1895	16040	3	294
5	0	0	3	294
6	1148	7040	3	294
7	0	7040	3	294
8	0	2600	3	294
9	820	2055	3	294
10	1500	0	4	310
11	0	18125	5	329
12	0	12000	4	310
13	1260	7262	5	329
14	0	0	4	310
15	1280	8162	6	345
16	945	0	6	345
17	1280	18100	5	329
18	0	0	5	329
19	285	0	6	345
20	0	9500	6	345

表 5.2.7　　闸次结束时间表

闸次数	闸次结束时间/min	闸次数	闸次结束时间/min
1	257	4	310
2	273	5	329
3	294	6	345

大型船闸算例中，通过处理船舶到达时间与进闸时间的差值，计算后得到通过大型船闸的船舶平均待闸时间为 11.3min，远小于常规运行调度方式的

25.3min。在运行闸次方面，优化调度后两个小型闸室共计运行了6个闸次，大于常规运行的4个闸次。大型闸室优化调度前后对比见表5.2.8。

表5.2.8 大型闸室优化调度前后对比

调度类型	平均待闸时间/min	总运行闸次
常规运行	25.3	4
优化调度后	11.3	6

其中比较结果中值得说明的是大型闸室在常规运行时由于其调度方式（装满即运行）的特点，总运行闸次数相较于优化调度后更少，但优点是优化后船舶的平均等待时间大幅度减低。

5.3 调度模型评价

通过两个模拟情景的优化调度前后对比结果可以发现，经过优化后船舶过闸效率有了显著的提升，因此可以得出结论：本书优化后的调度方案极大可能减少了闸室等待拥堵情况，成功提高了通航效率，缩短船舶的待闸时间，减少经济损失。通过模型中各参数变量间的松弛变化，闸室分配的优化调度，通过对算例数据经过模型求解，使得目标函数的三个主要因素：船舶的总闸次、船舶过闸结束时间的加权以及船舶最大待闸时间都最大程度地接近于最理想值。优化调度后船舶的平均等待时间缩短，验证了本书所使用的混合整数规划方法在解决船闸调度问题中的可行性，验证了混合整数规划方法在提升通航效率方面有明显的优势。

5.4 本章小结

本章对广义的船闸调度问题进行了探讨，利用混合整数规划方案对船闸中闸室分配调度的问题进行了探究：本书模型先通过一个情景考虑了大、小型闸室实际调度的情况。在处理模型的技术层面，使用Python软件完成建模工作，并针对实际测算实例的具体状况，进行了适当的调整。随后利用Cplex软件输出的解文件通过使用Python模块调用XML解析库来获取决策变量的值，最终得到目标值，通过逐步的优化调度最终将算例问题在模型中求解。

参考文献

[1] 康传雄. 基于线性逼近与蓄水分配曲线的梯级水库优化调度研究 [D]. 武汉：华中科

技大学，2018.

[2] Verstichel J, De C P, Spieksma F, et al. The generalized lock scheduling problem: Anexact approach [J]. Transportation Research Part E: Logistics and Transportation Review, 2014, 65: 16 - 34.

[3] Vanderbei R J, Springerlink O S. Linear Programming: Foundations and Extensions [M]. Boston: Springer US, 2014: 196.

[4] Feng Z K, Niu W J , Cheng C T. A Quadratic Programming Approach for Fixed Head Hydropower System Operation Optimization Considering Power Shortage Aspect [J]. Journal of Water Resources Planning and Management, 2017, 143 (10): 06017005.

[5] Niu W J, Feng Z K, Cheng C T. Optimization of variable - head hydropower system operation considering power shortage aspect with quadratic programming and successive approximation [J]. Energy, 2018, 143: 1020 - 1028.

第6章

混合整数规划在梯级水电中长期优化调度中的适用性

6.1 混合整数规划

6.1.1 方法概述

1. 概念

混合整数规划是运筹学中重要的规划方法，它规定了整体约束中部分决策变量为整数变量。相比整数规划而言，混合整数规划更实用但也更复杂。一般用于线性或者非线性规划问题中，其原理体现在：全部约束变量有一个或者一部分为整数时，该模型就会将问题模型同等转换为有多项分支的离散模型，每一个离散分支则对应一个整数，可以用最优化技术来求解。混合整数规划法在求解局部最优解很有优势，但对于全局最优解则有些困难。随着人们的研究和创新，为得到理想的全局最优解，各界学者提出了很多的辅助算法，大体分为两类：精确算法和启发式算法。前者包含了分支界定法和列生成法等，其对决策变量的数量有一定的要求，太多则可能无法解决；后者是近几年研究的热门智能算法，如粒子群算法、果蝇算法、遗传算法和蚁群算法等，该方法能够有效解决决策变量较多的问题。此外，仿生算法可谓是近几年算法问题研究的热门，其灵活性、精度高、计算速度快和容错性高等优势，给相关问题提供了很多高效解决方法。另外，最优算法和加权量算法在这方面也得到了很多的应用。

2. 方法近似原理介绍

(1) 分支定界法。通常求解混合整数线性规划问题用基于线性规划的分支定界法来求解，该方法能够快速得到最优结果。方法求解步骤如下。

1）剖析问题。将所求的原问题列出，找到与之相应的线性规划问题，记为问题 A。

2）求解问题。步骤如下：①求解问题 A，发现没有可行解，原问题也没有解，则结束；②问题 A 有可行解且是最优解，同时符合原问题的整数约束条件，那么 A 的最优解就是原问题的最优解，求解结束；③问题 A 有最优解，但不符合原问题的整数约束条件，则记其值为 A_1，再采用分支定界法求解最优解。

分支定界法求解步骤如下：

首先说明，原问题上限记为 A_1，原问题的最优值记为 A^*，其下限值记为 A_0，有 $A_0 \leqslant A^* \leqslant A_1$。$A_0$ 是通过在原问题对应的函数区间内找到一个整数可行解，并试探而求得的值，具有一定的随机性。下面开始迭代计算。

①分支，在问题 A 的最优解中随机选择一个不符合约束条件的值 A_n，构造两个约束条件，$x \leqslant A_n$ 和 $x \geqslant A_n + 1$，将这两个条件加入问题 A，得到两个子问题 B_1 和 B_2，放宽约束条件来求解这两个子问题。由此类推可以分解成若干类似的子问题 C_1，C_2，C_3，…，C_n、D_1，D_2，D_3，…，D_n 等。

②定界，若干个子分支求解后，各个分支求得的结果进行比较，找出最大的最优值为新的上限 A_1（最小值同理）。再从符合原问题的可行解的分支中找出最优值的最大者作为新的下限 A_0，如果没有则 A_0 不变。

③比较和剪枝，各个子分支中求解的最优结果如果小于 A_0 就将这一枝去除，如果大于 A_0 且不符合原问题的整数约束条件，则重复步骤①②。一直到算出最优解 $A^* = A_0$ 为止，得到原问题的最优解 A^*。

分支定界法在求解的过程中存在一个解区间，这个区间里的最大值和最小值就是解的有效上限和有效下限，因此上限和下限之间的差距就用 Gap 值来表示，Gap 值的高低就反映了求解结果的优异。一般来说，当 $A^* = A_0$ 时 Gap 值为 0，则表示结果为最优解。但在实际运用中我们在追求的是 Gap 值的最小化，不断优化模型，寻找最优解。

分支定界法计算模型如图 6.1.1 所示。

（2）割平面法。该方法是整数规划问题求解的重要方法之一，被广泛应用于模型计算之中。此方法是通过去除无用的分数解（分数约束条件限制）来简化求解公式，就如混合整数规划中的预求解一样，在整个模型的求解过程中不会出现子问题求解错误的失误。

该方法对算法模型的优化有很大的帮助，但其局限性也很大。①在算法设计中有时会存在大量的约束限制，错综复杂，很难找到具体的约束消除点，如果用此方法则所花的成本巨高，不符合期望值；②如果添加了约束会使得线性规划松弛问题更难解决。所以，只有知道哪些约束可以被替换，并且替换后对原模型更有帮助，才会用该方法进行优化。

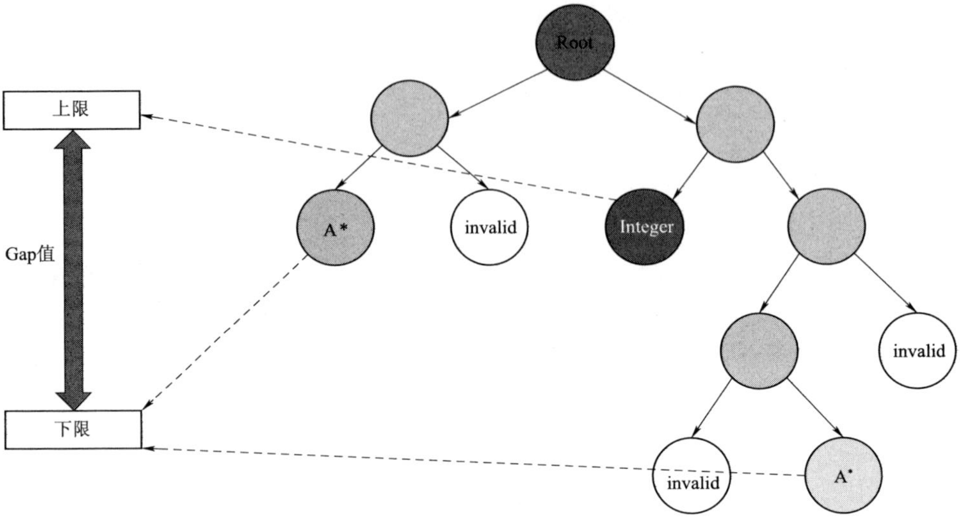

图 6.1.1 分支定界法计算模型图

6.1.2 混合整数规划的应用

混合整数规划方法在各行各业都有广泛的应用，该方法可以在给定的条件下构造出相关约束变量的最优化模型。高立克等[1] 基于混合整数方法提出了辐射型配电网可靠性规划方法，在配电网的经济和可靠性方面找到了平衡。黄成忱[2] 在互联网+时代下提出了一种两阶段供应商选择模型，使用多目标混合整数规划模型实现了订单分配时的最佳分配方案。张侃等[3] 为提高船舰维修综合资源的配置，提出了相应的配置模型。将维修资源配置问题转换为混合整数非线性规划的多目标寻优问题，提高了资源的利用率。黄明等[4] 提出了一种基于动态选取策略构建 MILP 模型的技术，用不同的约束不等式来解决不同条件下刻画密码性质的传播问题。刘帅等[5] 用 MILP（混合整数线性规划）自动搜索技术将模型分为多个子模型，得到了 MORUS 算法初始化阶段的最优差分链。翁毅选等[6] 提出了用混合整数线性规划为求解方法的热力和电力内在联合调度模型，来提高能源利用效率等。该方法在不断地研究革新下，适用的范围越来越广，取得的成果也非常丰富。

在本章中，运用混合整数规划方法引入整数变量一方面增强了模型的计算能力，另一方面提高了模型的精度。整数变量在水库优化调度约束条件中有两个重要作用：①将非线性函数进行分段线性化处理；②处理离散的约束条件。梯级水电调度是非凸非线性问题，基于该特点设计的算法能够有效解决这一高耦合、多元化、复杂的近似问题，根据实际参数和变量关系的需要，使其更贴合研究目标。此方法的研究也为梯级水电中长期优化调度方向提供了一个新的参考方案。

6.2 梯级水电中长期优化调度模型

6.2.1 概述

水库根据其运行周期的长短分为实时调度、短期调度和中长期调度等。短期调度一般以天或周为单位，中长期调度一般以多年、一年或一季度为单位，时隔以一旬或一个月来计算。根据水库调度规模的不同可以分为单库调度和水库群调度，梯级水电调度就是多水库的库群联合调度。不同于小型单水库调度，梯级水电中长期调度需要考虑多目标因素（水力发电、防洪、供水等），是一个集多阶段、多变量、多约束、高耦合度于一体的非凸非线性问题。其中水电出力是蓄水量和出库流量的二元函数关系，其他非线性二元关系包括蓄水量和出库流量（时段＋水电站数）、水头（耗水率＋最大发电引用流量限制）等，这些非线性约束互相关联、互相影响。

水库中长期调度的主要目的是实现综合效益最大化，其优势是可以通过补偿调节和控制蓄泄来提高整体的出力和发电量，从而大幅度改善下游水库运行性能不足的情况，最终提高水资源的利用率。但中长期优化调度的时间段较长，再加上一些突发的极端天气，天然径流在长时期内不断变化分配不均，各种不稳定因素的影响导致数据不精确，很多时候数据都是离散的，已有的线性模型不能用于解决相关问题。因此，本书提出了更适合的求解方法。

6.2.2 模型构建

水库中长期优化调度一般以年为期限，以旬为间隔。梯级水库中长期优化调度在确定性来水的前提下，通过已知的各个水库对应的各时段入库流量为约束，来寻求各个水电站蓄泄和出力的最优值。梯级水库中长期调度是以获得发电总量和保证出力的最大值为目的，其中保证出力尤为重要，目标函数表达如下。

$$\max wD+\sum_{i}\sum_{t}P_{i,t}\Delta t_{h} \tag{6.2.1}$$

式中：D 为梯级保证出力，MW，赋予其较大的权重 w；$P_{i,t}$ 为水电站 i 在时段 t 的出力，MW；Δt_h 为时段长度，h。

水电站的时段出力是由对应时段内的发电引用流量和发电耗水率决定，表达式如下。

$$P_{i,t}=\frac{q_{i,t}}{\eta_i(h_{i,t})} \tag{6.2.2}$$

式中：$q_{i,t}$ 为水电站对应时段的发电引用流量，m^3/s；$\eta_i(h_{i,t})$ 为水电站对应时段的发电耗水率，$m^3/(kW\cdot h)$，取决于水头 $h_{i,t}$。

时段的平均水头是由水库平均水位和尾水位的差来表示，公式为

$$h_{i,t}=Z_i\left(\frac{V_{i,t}+V_{i,t+1}}{2}\right)-Z_i^{\mathrm{dn}}(Q_{i,t}) \tag{6.2.3}$$

式中：Z_i 为水库水位，取决于蓄水量；$V_{i,t}$ 和 $V_{i,t+1}$ 分别为水库对应时段的初始蓄水量和末尾蓄水量；Z_i^{dn} 为尾水位，决定于出库流量 $Q_{i,t}$。

出库流量包含了弃水和发电引用流量。

发电引用流量由两个部分组成，包括出库流量和发电引用流量上限。在使用时只取两者中的较小值，且不得超过发电引用流量的上限。表示为

$$q_{i,t}=\min[Q_{i,t},G_i(h_{i,t})] \tag{6.2.4}$$

式中：G_i 为发电引用流量上限，取决于水头。

出库流量一旦超出发电引用流量上限，就会产生弃水。

梯级水库中长期调度所需的约束除了上述几个之外，其他约束条件有保证出力、水库水量平衡、水库蓄水限制、出库流量限制等，具体如下。

1. 保证出力

任意时段内，梯级水电站出力之和（$P_{i,t}$）要不小于保证出力（D），表示为

$$\sum_i P_{i,t}\geqslant D \tag{6.2.5}$$

2. 水库水量平衡

对于中长期调度来说，任意两个直连的水库的水流滞时可以忽略不计，水量平衡关系表示为

$$V_{i,t+1}=V_{i,t}+\left[I_{i,t}-Q_{i,t}+\sum_{k\in\Omega(i)}Q_{k,t}\right]\cdot\Delta t_s \tag{6.2.6}$$

式中：$V_{i,t}$、$V_{i,t+1}$ 分别为水库对应时段的初始蓄水量和末尾蓄水量；$I_{i,t}$ 为水库对应时段的区间入流；$\Omega(i)$ 为与水库 i 直连的上游水库的集合；Δt_s 为时段长，s。

3. 水库蓄水量上下限

$$V_{i,t}^{\min}\leqslant V_{i,t}\leqslant V_{i,t}^{\max} \tag{6.2.7}$$

式中：$V_{i,t}^{\min}$ 和 $V_{i,t}^{\max}$ 分别为水库对应时段的蓄水量的下限和上限。

4. 水库出库流量上下限

$$Q_{i,t}^{\min}\leqslant Q_{i,t}\leqslant Q_{i,t}^{\max} \tag{6.2.8}$$

式中：$Q_{i,t}^{\min}$ 和 $Q_{i,t}^{\max}$ 分别为水库对应时段的出库流量的下限和上限。

梯级水库中长期调度问题是复杂多元的非线性优化问题，除了出力的计算，见式（6.2.2）～式（6.2.4），模型包含的其他非线性关系有：水位［库容关系 $Z(V)$］，出库流量［尾水位关系 $Z^{\mathrm{dn}}(Q)$］，水头［发电引用流量上限 $G(h)$ 和发电耗水率关系 $\eta(h)$］等。水头、出库流量等各种变量相互关联和影响，使得

调度问题复杂难解。通过对梯级水库中长期调度模型的分析，根据其变量间的互联性，将模型进行简化，用已有变量来替换相关联的非线性变量，减少约束的非凸特性。

梯级水库中长期调度模型中的水电出力按式（6.2.2）～式（6.2.4）计算，如图 6.2.1 所示，水电出力是由发电引用流量和发电耗水率决定，其中前者省去烦琐的发电引用流量上限的约束步骤，可以直接由出库流量来表示；后者通过变量关联推导后直接用平均蓄水量来表示是最简洁的。那么新的水电出力表示为

$$P_{i,t}=P_i\left(Q_{i,t},\frac{V_{i,t}+V_{i,t+1}}{2}\right) \tag{6.2.9}$$

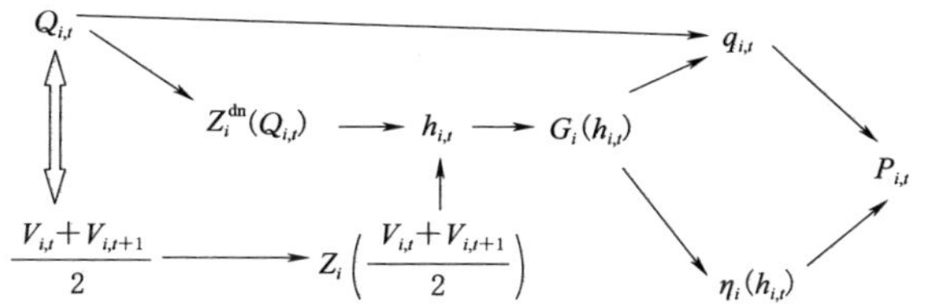

图 6.2.1 水电出力的决定因素

式（6.2.9）隐含了式（6.2.2）～式（6.2.4）中的水位、水头、出库流量等相关的非线性关系。用式（6.2.9）替换式（6.2.2）～式（6.2.4）之后，模型中的非线性关系只有该公式一个，其中的约束条件以及目标函数都是线性关系，大大降低了模型的复杂度，便于计算。

优化模型的构建是优化调度的前提，以上构建的梯级水电中长期优化调度模型包含了全面的条件约束。再进一步对约束进行优化使得模型更加精炼，这样更有利于模型出力地计算，提高结果精度的同时降低了复杂度。

6.3 水电出力关系的近似方法

6.3.1 概述

基于梯级水电中长期优化调度问题的非凸非线性特性，普通的近似算法有一定的局限性，无法得到全局最优解。本书研究的近似方法有四种，分别为网格法、三角形法、一维法和矩形法。四种方法都是基于混合整数规划的思想进行设计，算法主要分析的是出库流量、蓄水量和梯级水电调度的出力，在给定的数据约束下能够取得结果的最优值，达到出力最大，弃水最小。

6.3.2 水电出力关系的四种近似方法

1. 网格法

对于某个水电站，在其允许的范围内，离散出库流量 Q 为 n 个值，记为

Q^i（$i=1$，…，n），离散蓄水量 V 为个 m 值，记为 V^j（$j=1$，…，m），各离散点的组合（Q^i，V^j）对应的出力 $P^{i,j}$，如图 6.3.1 所示。

	V^1	V^2	V^3	…	V^m
Q^1	$P^{1,1}$	$P^{1,2}$	$P^{1,3}$	…	$P^{1,m}$
Q^2	$P^{2,1}$	$P^{2,2}$	$P^{2,2}$	…	$P^{2,m}$
Q^3	$P^{3,1}$	$P^{3,3}$	$P^{3,3}$	…	$P^{3,m}$
⋮	⋮	⋮	⋮	⋱	⋮
Q^n	$P^{n,1}$	$P^{n,2}$	$P^{n,3}$	…	$P^{n,m}$

（a）离散表

	β^1	β^2	β^3	…	β^m
α^1	$\lambda^{1,1}$	$\lambda^{1,2}$	$\lambda^{1,3}$	…	$\lambda^{1,m}$
α^2	$\lambda^{2,1}$	$\lambda^{2,2}$	$\lambda^{2,2}$	…	$\lambda^{2,m}$
α^3	$\lambda^{3,1}$	$\lambda^{3,3}$	$\lambda^{3,3}$	…	$\lambda^{3,m}$
⋮	⋮	⋮	⋮	⋱	⋮
α^n	$\lambda^{n,1}$	$\lambda^{n,2}$	$\lambda^{n,3}$	…	$\lambda^{n,m}$

（b）相应权重

图 6.3.1 水电出力离散表和相应权重

相关约束公式如下：

$$\sum_{i=1}^{n}\sum_{j=1}^{m}\lambda^{i,j}=1,\lambda^{i,j}\geqslant 0 \tag{6.3.1}$$

式中：$\lambda^{i,j}$ 为出力 $P^{i,j}$ 对应的权重，该约束保证了出力函数变量 P 对应的权重取值不为零，是有意义的值。

$$\alpha^i=\sum_{j=1}^{m}\lambda^{i,j};\quad \beta^j=\sum_{i=1}^{n}\lambda^{i,j} \tag{6.3.2}$$

$$\text{SOS2}(\alpha^1,\alpha^2,\alpha^3,\cdots,\alpha^n);\text{SOS2}(\beta^1,\beta^2,\beta^3,\cdots,\beta^m) \tag{6.3.3}$$

式中：α^i 和 β^j 分别为出库流量 Q 和蓄水量 V 对应的权重，两者计算方式为各行或者各列权重 $\lambda^{i,j}$ 的和；（α^1，α^2，α^3，…，α^n）和（β^1，β^2，β^3，…，β^m）为 SOS2 集，α^n 和 β^m 规定了在各自区间内最多两个相邻的值不为零，即 $\lambda^{i,j}$ 最多在相邻的两列或者两行取得的值不为零。所以只有最邻近且组成一个小正方形的 $\lambda^{i,j}$ 取值可以不为零，例如图 6.3.1（b）中 $\lambda^{2,2}$，$\lambda^{2,3}$，$\lambda^{3,2}$，$\lambda^{3,3}$ 可以取得非零值，其他权重都取 0，是一种满足上述约束条件的情况。

$$Q=\sum_{i=1}^{n}\alpha^i\cdot Q^i;\quad V=\sum_{j=1}^{m}\beta^j\cdot V^j \tag{6.3.4}$$

$$P=\sum_{i=1}^{n}\sum_{j=1}^{m}\lambda^{i,j}\cdot P^{i,j} \tag{6.3.5}$$

在上述筛选了满足条件的特殊权重后，出库流量 Q 和蓄水量 V 各自的离散值（Q^i 和 V^j）乘以相应的权重并求和即可得到各自对应网格上的线性近似值。这组特殊的权重乘以对应水电出力函数的离散值并求和就表示在某一个离散网格上的线性近似值，即水电出力近似值 P。

2. 三角形法

该方法是将单变量扩展到双变量的情况，可以得到更精确的近似方法。在 X 和 Y 轴上分别取对应的抽样坐标区间 [1，n] 和 [1，m]，区间两端分别是最小值和最大值。对于任意的两个端点通过 X 和 Y 两个坐标可以看作一个矩形，再通过对角线可以将矩形划分为上下两个三角形。因此，函数值由包含三角形顶点上的函数值近似的凸组合近似而来，可以将连续变量约束改为三维空间的计算，三角形法近似模型图如图 6.3.2 所示。

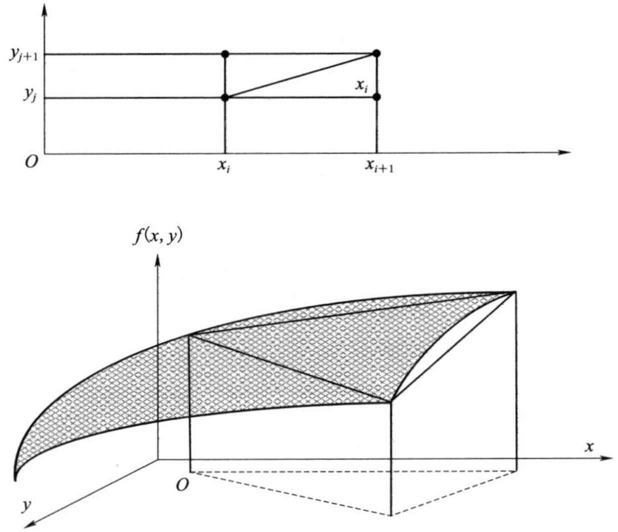

图 6.3.2　三角形法近似模型图

相关约束公式如下：

$$\sum_{i=1}^{n}\sum_{j=1}^{m}\alpha_{ij}=1 \tag{6.3.6}$$

变量 α_{ij}（近似区间断点的连续近似变量）理应被定义为一个具体的整数约束模型，对于每一个断点的连续变量使其值恒等为 1，保证其变量有意义。

$$Q=\sum_{i=1}^{n}\sum_{j=1}^{m}\alpha_{ij}Q_{i} \tag{6.3.7}$$

$$V=\sum_{i=1}^{n}\sum_{j=1}^{m}\alpha_{ij}V_{j} \tag{6.3.8}$$

式中：Q 为出库流量；V 为蓄水量。两个关系式都是在各自变量值区间内分别取各个断点区间的连续变量值进行近似。

$$P\alpha=\sum_{i=1}^{n}\sum_{j=1}^{m}\alpha_{ij}P(Q_{i},V_{j}) \tag{6.3.9}$$

式中：$P\alpha$ 为水电出力；P（Q_i，V_j）为水电出力值近似变量。

该式是出力值的近似计算。

$$\sum_{i=1}^{n-1}\sum_{j=1}^{m-1}(h_{ij}^{u}+h_{ij}^{l})=1 \tag{6.3.10}$$

$$\alpha_{ij} \leqslant h_{ij}^{u} + h_{ij}^{l} + h_{i,j-1}^{n} + h_{i-1,j-1}^{l} + h_{i-1,j-1}^{u} + h_{i-1,j}^{l},(i=1,\cdots,n;j=1,\cdots,m) \tag{6.3.11}$$

为保证模型的近似完整性，考虑到近似矩形中上下三角形大小值的差异性，以及取值的完整性。加入了以上两个约束，其中 h_{ij}^{u} 和 h_{ij}^{l} 是两个二进制变量，分别为近似的上下两个三角形。区间内两者和为 1，表示在近似的两个三角形中只有一个三角形有意义，可用于近似计算。不等式变量的约束规定了只有当 α_{ij} 不为 0 的时候三角形才能够取得各顶点的值，近似值才有意义。

3. 一维法

该方法是用单变量来替换双变量函数的近似方法。在 Y 轴上随机取一段坐标 $[y_1, y_m]$（值域），在该区间内再取一段关联的抽样坐标 $\widetilde{y_j}$，这样就可得到 $m-1$ 个单变量函数。那么在区间内任意给定的 y 值，函数的近似值是由函数在 X 轴分段线性近似给出的。此方法是最简单的分段逼近方法，一般复杂的模型误差相对较大，但对于一些简单的约束变量结果很精准，一维法近似模型如图 6.3.3 所示。

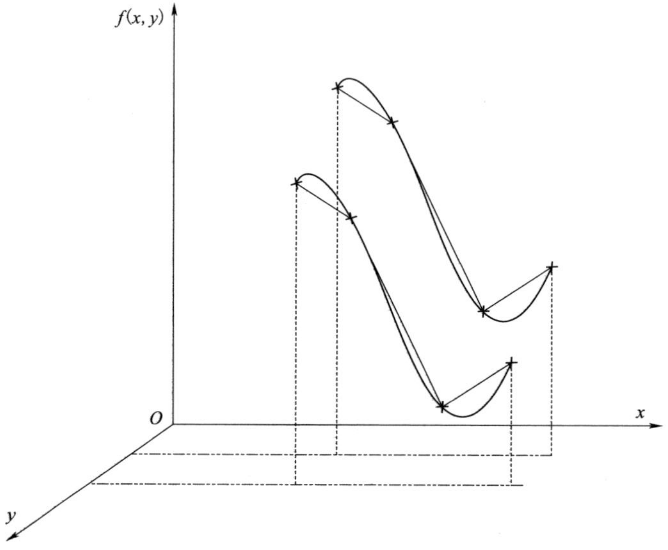

图 6.3.3　一维法近似模型图

相关约束公式如下：

$$\sum_{i=1}^{n} \alpha_i = 1 \tag{6.3.12}$$

$$Q = \sum_{i=1}^{n} \alpha_i Q_i \tag{6.3.13}$$

$$\sum_{i=1}^{n-1} h_i = 1, (i = 1, \cdots, n-1) \tag{6.3.14}$$

$$\alpha_i \leqslant h_{i-1} + h_i, (i = 1, \cdots, n-1) \tag{6.3.15}$$

式中：α_i 为 Q 轴近似区间断点的连续近似变量，对于每一个断点的连续变量使其值恒等为 1，保证其变量有意义；h_i 为二进制变量，约束规定了在整个近似区间内只有一个 h_i 可取值为 1，即保证整体近似约束的有效性和完整性。不等式约束要求了只有当 α_i 不为 0 时（即两个二进制变量在对应的近似区间内取值相加恒等于 1）其取值才有效。

$$\sum_{j=1}^{m-1} \beta_j V_j \leqslant V \leqslant \sum_{j=1}^{m-1} \beta_j V_{j+1} \tag{6.3.16}$$

$$\sum_{j=1}^{m-1} \beta_j = 1, (j = 1, \cdots, m-1) \tag{6.3.17}$$

式中：β_j 为二进制变量，为保证其约束有意义，使其取值恒等于 1。

上述两个约束规定了当 β_j 取 1 时，约束取值的抽样坐标存在于包含了 y 值的区间内；当 β_j 取 0 时则不在对应的 y 值区间内，约束无效。

$$P\alpha \leqslant \sum_{i=1}^{n} \alpha_i P(Q_i, \widetilde{V}_j) + M(1 - \beta_j), (j = 1, \cdots, m-1) \tag{6.3.18}$$

$$P\alpha \geqslant \sum_{i=1}^{n} \alpha_i P(Q_i, \widetilde{V}_j) - M(1 - \beta_j), (j = 1, \cdots, m-1) \tag{6.3.19}$$

式中：$P\alpha$ 为水电出力；$P(Q_i, \widetilde{V}_j)$ 为出力函数计算变量，当 β_j 值为 0 时 $P\alpha$ 约束无效；M 为出力极大值，一般根据实际水电运算需求给定。

4. 矩形法

该方法是通过在 Y 轴上提供一个校正项来提高近似的精度。通过给定矩形的四个顶点，而不是通过两个三角形来近似约束。该方法用了新的连续变量来对应 Y 轴上取值点的相对位置，使得约束更加精准，矩形法近似模型如图 6.3.4 所示。

相关约束公式如下。

$$\sum_{i=1}^{n-1} h_i = 1, (i = 1, \cdots, n-1) \tag{6.3.20}$$

$$\alpha_i \leqslant h_{i-1} + h_i, (i = 1, \cdots, n-1) \tag{6.3.21}$$

$$\sum_{i=1}^{n} \alpha_i = 1 \tag{6.3.22}$$

$$\sum_{j=1}^{m-1} \beta_j = 1, (j = 1, \cdots, m-1) \tag{6.3.23}$$

式中：h_i 为二进制变量，约束规定了只有一个 h_i 可取值为 1，即保证整体近似约束的完整性和有效性，不等式约束要求了只有当 α_i 不为 0 时（即二进制变量

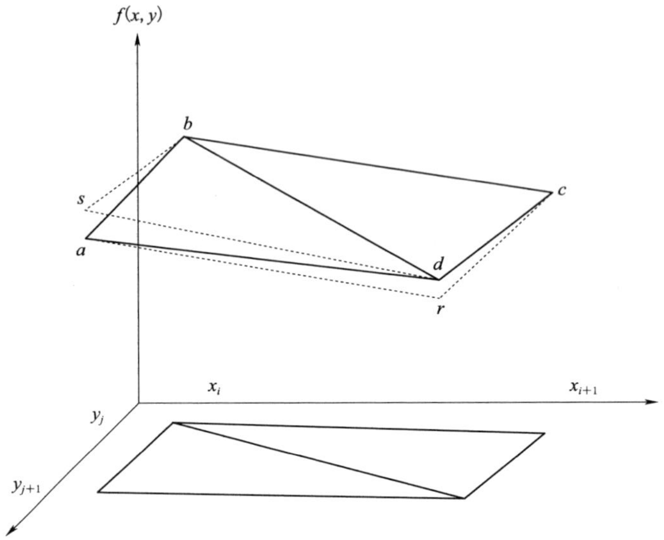

图 6.3.4 矩形法近似模型图

相加值恒等于 1）其取值才有效；α_i 为 Q 轴近似区间断点的连续近似变量；β_j 为二进制变量，为了使其在近似中取值有意义将其赋值为 1。

$$Q=\sum_{i=1}^{n}\alpha_i Q_i \tag{6.3.24}$$

$$V=\sum_{j=1}^{m-1}(\beta_j V_j+\gamma_j(V_{j+1}-V_j)) \tag{6.3.25}$$

$$\gamma_j \leqslant \beta_j (j=1,\cdots,m-1) \tag{6.3.26}$$

式中：Q 和 V 为主要的近似变量；Q_i 为 Q 轴上的近似断点；V_j 为 V 轴上的近似断点；V_{j+1} 和 V_j 分别为各近似断点的末值和初值；γ_j 为每个近似点在 V 轴上的相对位置，这样使得近似更加精确，并且 V 轴两个约束规定了 V 的值由求和的唯一非零项给出。

$$P\alpha \leqslant \sum_{k=1}^{n}\alpha_k P(Q_k,V_j)+\gamma_j K_{ij}+M(2-\beta_j-h_i),\quad (j=1,\cdots m-1;i=1,\cdots,n-1) \tag{6.3.27}$$

$$P\alpha \geqslant \sum_{k=1}^{n}\alpha_k P(Q_k,V_j)+\gamma_j K_{ij}-M(2-\beta_j-h_i),\quad (j=1,\cdots m-1;i=1,\cdots,n-1) \tag{6.3.28}$$

式中：α_k 为 Q 轴上各断点的连续近似变量；$P(Q_k, V_j)$ 为出力函数计算变量；K_{ij} 为 $\min\{\Delta(i,j),\Delta(i+1,j)\}$ 在近似矩形中取对应的最小值；M 是出力极大值，一般根据实际需求给定。

以上两个不等式为出力值（$P\alpha$）的约束。

为了减少矩阵中零元素的含量，就可以将上述不等式中的出力计算 $\sum_{k=1}^{n}\alpha_k P(Q_k, V_j)$ 重新替换为下面的 φ_j，从而提高计算效率。

$$\varphi_j = \sum_{i=1}^{n}\alpha_k P(Q_k, V_j), (j = 1, \cdots, m-1) \tag{6.3.29}$$

具体替换后的不等式约束如下所示：

$$P\alpha \leqslant \varphi_j + \gamma_j k_{ij} + M(2-\beta_j - h_i), (j=1,\cdots m-1; i=1,\cdots,n-1) \tag{6.3.30}$$

$$P\alpha \geqslant \varphi_j + \gamma_j k_{ij} - M(2-\beta_j - h_i), (j=1,\cdots m-1; i=1,\cdots,n-1) \tag{6.3.31}$$

6.3.3 近似误差的修正

对于四种水电出力值的近似方法，为了提高其解的近似精度，这里采用了直接搜索模式（direct search procedure，DSP）对四种方法的结果进行修正，从而得到更优解。该方法的主要功能是降低模型在线性处理时的误差，对一些变量初始值进行局部改进。这里改进的是蓄水量和出库流量两者的初始值。通过对各时段范围内已知的蓄水量和出库流量二者数值进行局部微调，在合理的近似微区间内进行取值调整，再通过计算并与之前的出力值进行比较进而得到最优解。DSP 修正步骤如图 6.3.5 所示。

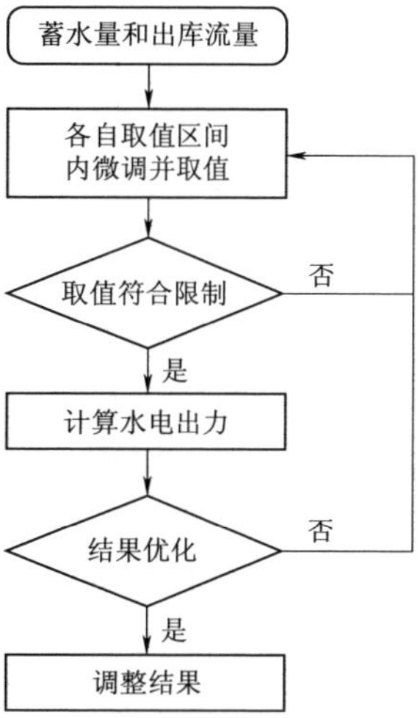

图 6.3.5 DSP 修正步骤图

6.3.4 精度和复杂度分析

1. 算法精度分析

所有的方法中，三角形法可以认为是网格法的改进，网格法是利用空间的某个网格的四个点来近似相应区域，这四个点一般来说不在一个平面上，而且值不一定都是符合的，因此在近似的时候精度要低一点。划分为三角形后，组成三角形的三个点肯定是在一个平面上的，而且有效区间内会有两个近似三角形，通过近似约束可以取得更好的一个值，进而三角形法的精度要高于网格法。

同样，矩形法也可以看成是一维法的改进，一维法的近似是函数将 Y 轴上的值通过 X 轴上对应区间的分段线性近似而得出的。该方法近似受限于 X 轴和 Y 轴的值及其区间，所以精度稍差。矩形法相较于一维法不同，在于它在 Y 轴上取值时会给每一个值再赋予一个连续变量，即位置校正项，来提高近似值的精度，因此矩形法精度高于一维法。

三角形法和矩形法两者比较，理论上来说矩形法更好，因为它是四个点的近似，不同于三角形法的两个三角形，它有最值校正项和极值的给定，因而它的整体约束和近似完整性都要好一些。它们两个都分两个近似值，而且两者近似值的约束变量原理差不多，具体的区别只有在实际的运用中才能真正区分。

2. 算法复杂度分析

从整体的函数约束条件来看，矩形法数量最多，包含了十二个约束条件，一维法有八个约束条件，三角形法有六个约束条件，网格法有五个约束条件。矩形法中主要的函数变量未变，增加了二进制变量，如位置校正项 γ_j 和矩形最小值取值判断项 K_{ij} 等，这些变量的添加使得模型的复杂度提高，运行所需时间相对较长。一维法是函数近似的原始方法，类似于普通函数的近似，将所求 Y 轴的值用 X 轴的分段区间近似给出。由于是原始方法其近似计算时数据冗余度较高，因而所需时间和内存占用相对较高。

三角形法和网格法两者算法所含的变量种类差不多，且都是三维空间的近似方法。不同点在于，前者是双变量近似，包含了很多二进制变量 h_*^*，众多的变量导致了方法的复杂度大大提高；后者方法中所含的权重变量较多如 $\lambda^{i,j}$、α^i、β^j，这些是导致算法复杂度高的核心，但该方法相比前者复杂度较低。因为在近似时，网格法是在空间上四点取值，这对于数值的匹配度要求较高，运行时就会有大量无用数据，因此总体有用数据所占内存较小，所需时间较快；三角形法是在空间上三点取值，它的近似数据匹配度较高，再加上三角形各顶点取值约束和上下两个三角形的取值变量约束，导致了其所花的时间较长，所需的内存较大。

综上，各算法的复杂度各有优劣，只有在实际的运用中才能更好地发挥它们的作用。如今的科技水平很高，硬件条件都能满足项目运行的需要，对于时间和内存的限制已经不是很重要了，反而更多的是对算法质量的要求。

6.4 赣江梯级水电中长期优化调度应用案例

6.4.1 概述

本节是以赣江梯级水电为例，来对比研究基于混合整数规划的中长期优化调度近似方法的效率和实用性。赣江流域共选取龙头山至万安的六个水电站作为研究对象，其中以万安水电站为主。万安水电站位于赣江中游，是赣江流域最大的水电站，同时也是中游的急缓交界处，非常具有研究意义。本节选择万安水电站 2022 年的径流数据，时间以年为单位，时隔以旬为单位，共 36 旬。其他水电站的梯级流量数据则是由算法模型依据各电站的流域面积折算比例和万安水电站的入库流量数据拟合生成。一方面拓宽了数据的使用区间，实际数据和模拟数据的结合，提高了实验的科学性，方便后续的参考与比较；另一方面避免了数据获取的烦琐程序，简化了复杂的数据处理步骤，提高了实验的效率。

6.4.2 模型构建

赣江梯级水电中长期优化调度具体模型是由梯级水电中长期优化调度模型和四种近似方法分别构成，具体如下。

（1）保证出力。

任意时段内，梯级水电站出力之和（$P_{i,t}$）要不小于保证出力（D），表示为

$$\sum_i P_{i,t} \geqslant D \tag{6.4.1}$$

（2）水库水量平衡。

对于中长期调度来说，任意两个直连的水库它们的水流滞时可以忽略不计，水量平衡关系表示为

$$V_{i,t+1} = V_{i,t} + [I_{i,t} - Q_{i,t} + \sum_{k \in \Omega(i)} Q_{k,t}] \cdot \Delta t_s \tag{6.4.2}$$

式中：$V_{i,t}$ 和 $V_{i,t+1}$ 分别为水库对应时段的初始蓄水量和末尾蓄水量；$I_{i,t}$ 为水库对应时段的区间入流；$\Omega(i)$ 为与水库 i 直连的上游水库的集合；Δt_s 为时段长，s。

（3）水库蓄水量上下限。

$$V_{i,t}^{\min} \leqslant V_{i,t} \leqslant V_{i,t}^{\max} \tag{6.4.3}$$

式中：$V_{i,t}^{\min}$ 和 $V_{i,t}^{\max}$ 分别为水库对应时段的蓄水量的下限和上限。

（4）水库出库流量上下限。

$$Q_{i,t}^{\min} \leqslant Q_{i,t} \leqslant Q_{i,t}^{\max} \tag{6.4.4}$$

式中：$Q_{i,t}^{\min}$ 和 $Q_{i,t}^{\max}$ 分别为水库对应时段的出库流量的下限和上限。

（5）水电出力。

$$P_{i,t} = P_i\left(Q_{i,t}, \frac{V_{i,t} + V_{i,t+1}}{2}\right) \tag{6.4.5}$$

优化后的水电出力只由出库流量 $Q_{i,t}$ 和蓄水量 $V_{i,t}$ 组成。

（6）网格法。

（7）三角形法。

（8）一维法。

（9）矩形法。

赣江梯级水电中长期优化调度模型共有四种方法，有网格法、三角形法、一维法和矩形法。每种方法包含了各自的近似方法和梯级水电中长期优化调度模型，调度过程如图 6.4.1 所示。

6.4.3 结果分析

本节使用 Python3.7 建模，所用求解器是 Cplex。用万安水电站的数据进行模拟实验，主要通过以下几个方面对四种方法进行分析对比。

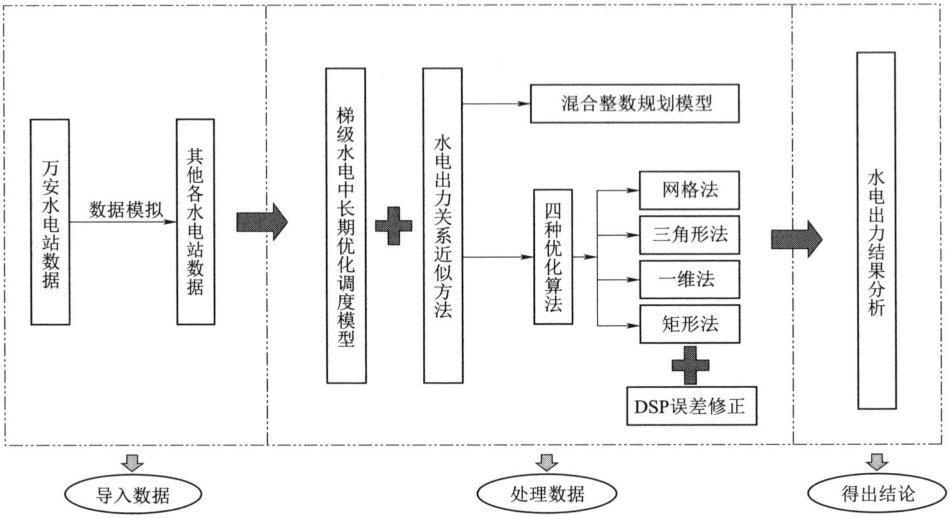

图 6.4.1 赣江梯级水电中长期优化调度过程

1. 四种方法离散精度相同情况下（出库流量 Q 对应离散值 K=10，蓄水量 V 对应离散值 L=5）

（1）四种方法结果优化前后的对比分析。

四种方法的结果经过 DSP 优化后分为 0.1、0.01、0.001、0.0001 四种精度值输出，这里采用 0.1 的优化精度来展示，见表 6.4.1。

表 6.4.1　　四种方法经过 DSP 优化前后的值

方　法		网格法	三角形法	一维法	矩形法
水电出力/(MW·h)	优化前	4655842	4663102	4536157	4563988
	优化后	4656498	4663900	4543705	4581474

从上表中可以看出四种方法的初始值经过优化后都有所提高，其中提高最明显的是矩形法，三角形法略微提升。经过优化不仅使得模型整体更加完善，同时可以得到更高的水电出力，进而在初始调度分配阶段可以有更好的调度安排。由于优化精度只有 0.1，所以虽然优化了但结果还是不够明显。

（2）四种方法结果整体优化对比分析。

在表 6.4.1 中可以看出优化后发电量的值更高，但由于精度的限制感觉不是很明显，当然也不是实验所需的理想结果。为了进一步提高水电的出力期待值和实验分析的严谨性，我们通过四种优化精度（0.1、0.01、0.001、0.0001）分别来优化处理原始结果，再比较发电量（MW·h）值的高低，最终选出理想数值，见表 6.4.2。

表 6.4.2　　四种方法结果整体优化对比分析

精度	发电量/(MW·h)			
	网格法	三角形法	一维法	矩形法
0.1	4656498	4663900	4543705	4581474
0.01	4659119	4665991	4547711	4586594
0.001	4659224	4666035	4548008	4587173
0.0001	4659238	4666043	4548057	4587228

由上表可知，四种方法随着优化精度的提高，它们的结果都更加符合调度需求。相较于优化前的结果，优化精度为0.0001的更能满足调度的期望，能够最大限度地发挥各电站水力发电的能力。每一个方法最终的优化结果都有一定的提升，用精度为0.0001的结果与初始结果相比，网格法提高了3396MW·h，三角形法提高了2941MW·h，一维法提高了11882MW·h，矩形法提高了23240MW·h，平均下来每个方法能够提高10364.75MW·h的电量，对于电能的产值有极大的提升意义。但是从表中也可以看出网格法和三角形法两种方法的提升效果不是很大，反而一维法和矩形法提升很明显。这和它们的算法近似模型有很大的关系，中长期水电调度相关数据的非线性特征对算法模型的约束有很大要求，模型越完整，算法越周全则结果就越好。实验中只精确到了0.0001，因为过分地提高精度则没有太大意义，结果并没有很大的提升。总的来说，实验毕竟有数据的局限性，四种方法的运用场景各有不同，在实际的运用中可以灵活选择，会大大提高调度效率。

(3) 四种方法的复杂度和Gap值对比分析。

在离散精度相同的条件下，四种方法的复杂度和Gap值信息见表6.4.3。

表 6.4.3　　四种方法的复杂度和 Gap 值信息

方　法		网格法	三角形法	一维法	矩形法
复杂度	时间/s	4.23	54.67	100.03	100.05
	占用内存/MB	0.02	21.33	41.94	13.29
Gap绝对值		439.904	459.021	1.47×10^6	8.2×10^6
Gap相对值/%		0.1	0.01	32.37	179.98

通过上表的信息可以得出以下比较结果。从时间复杂度来讲，网格法所用时间最少，矩形法所用时间最多，一维法和矩形法时间差不多，只有0.02s的差距；从空间复杂度来讲，占用内存最高的是一维法，最低的是网格法，总的来说，所有方法的内存占用在如今的设备条件下都不算高；从整体的复杂度来讲，一维法是最高的，其次是矩形法，再者是三角形法，最后是网格法。

Gap 绝对值的高低决定了算法近似的优化程度，值是越低越好。实验中的 Gap 绝对值有达到百位或者千位的都属于正常值，因为在庞大的实验数据的计算中这些都属于正常范围。Gap 相对值就是最优松弛解和可行解之间的间隙，该值无限接近于 0 最好。从表中可以看出网格法和三角形法两者的 Gap 绝对值很低，即它们通过分支节点搜索得出结果的上下限差值很低，同时可以看出它们两个的 Gap 相对值也很低，说明了它们分支搜索的结果是非常接近最优值的，基本符合试验结果的预期。一维法和矩形法它们的 Gap 绝对值较高，也就是说在节点搜索时得出的结果差距较大，对于整体的结果而言，在有效范围内与最优值会有一定的误差。Gap 相对值矩形法很高，在这个离散精度下，该方法的值误差很大。一维法的 Gap 相对值属于一般水平，其结果满足实验要求。总的来说，在精度相同的条件下，三角形法和网格法是最优方法，其他的方法还需调整。不过整体分析下来所有的算法都可以满足实际问题解决的需要，都可以给出一个相对合理的结果。

(4) 四种方法运行时包含的量。

四种方法运行时包含的引入变量、非零项和线性约束的数量见表 6.4.4。

表 6.4.4　四种方法运行时的引入变量、非零项和线性约束的数量

方法	网格法	三角形法	一维法	矩形法
引入变量	17502	27006	5622	6486
非零项	216	216	216	216
线性约束	7368	12552	5856	20328

从上表运行的信息来看，离散精度相同时引入变量最多的是三角形法，线性约束最多的是矩形法，非零项都一样。整体来看，三角形法是复杂度最高的，它和网格法计算时引入的变量较多，因此它们的精度相比其他两个更高，由于三角形法的线性约束比较完整，所以它的精度最高；相反，一维法和矩形法引入变量较少，加上约束的差异性，所以它们的精度也要差一些。

总之，在离散精度相同的前提下，四种方法都展示了各自的优异，可以满足实际水电调度的需求，不过这样的局限性较大，不利于整个算法模型的充分利用。所以，下面将所有方法独立设置近似离散精度，以便获得各个方法的最优结果，再进一步比较分析。

2. 四种方法离散精度不同的情况下（出库流量 Q 对应离散变量 K，蓄水量 V 对应离散变量 L）

(1) 四种方法结果优化前后的对比分析。

四种方法各自取相应的离散精度，计算的结果经过 DSP 优化后取精度为 0.1 的值来展示，具体见表 6.4.5。

表 6.4.5　　不同离散精度下四种方法优化前后的值

方　法		网格法 $K=14$，$L=12$	三角形法 $K=13$，$L=10$	一维法 $K=8$，$L=7$	矩形法 $K=7$，$L=3$
电出力/(MW·h)	优化前	4670999	4670413	4599149	4645730
	优化后	4671213	4670436	4604972	4647294

通过表中数据可以看出，四种方法在各自取得最优值的离散精度下，所得结果对比之前相同离散精度条件下的值都有很大提升。同样，在经过 DSP 优化后也有不同程度的提高。提升最大的是一维法，最小的是三角形法，其他两个也有两千左右的提高。不同于前面离散精度相同的是，由于已经接近最优值了，因此这里提高的数值空间有限，没有之前的大。当然，这里只是精度 0.1 的值的比较，其效果不是很明显，但显然证明了优化策略是非常有用的，能够提高水电出力值，对整体水电调度效率的提高有很大意义。

(2) 四种方法结果整体优化对比分析。

由表 6.4.5 可以看出，各方法在无限接近最优值的时候初始结果优化效果一般。下面从四个精度整体展示各方法在最优离散精度下的发电量（MW·h），来进一步比较各个方法的优劣。具体数据信息见表 6.4.6。

表 6.4.6　　四种方法结果整体优化对比分析

精度	发电量/(MW·h)			
	网格法	三角形法	一维法	矩形法
0.1	4671213	4670436	4604972	4647294
0.01	4671933	4670439	4607682	4647305
0.001	4671966	4670442	4607923	4647305
0.0001	4671978	4670443	4607973	4647305

从上表信息可以看出，每个方法的优化结果随着精度的提高都有不同程度的提升。这里还以最高精度 0.0001 对应的结果与初始结果进行比较，网格法提高了 979MW·h，三角形法提高了 30MW·h，一维法提高了 8824MW·h，矩形法提高了 1575MW·h，可以看出提升最高的是一维法，三角形法最低。由此可见，当离散精度是最优值的时候，除了一维法，各算法的整体优化结果提升效果不大。可见，DSP 优化只是辅助的作用，离散精度的选择对各方法能力发挥的程度有着极大的影响，从而在实际运用时必须按要求对离散精度进行调节，以便达到最高期望值。

对比离散精度相同和不同时的值可以发现，初始结果前后相差如下：网格法 15157MW·h，三角形法 7293MW·h，一维法 62992MW·h，矩形法 81742MW·h。

可见离散精度相同时，各方法并没有发挥自己最高的水平，浪费了很多水能资源。再以最高精度 0.0001 的结果来比较，结果前后相差如下：网格法 12740MW·h，三角形法 4400MW·h，一维法 59916MW·h，矩形法 60077MW·h。可见，前后的差距之大，离散精度针对性的重要性之高。对于实际水电调度时的数据离散性情况，一定要调试与之匹配的离散精度，这样才能发挥最大的水电调度效益。

（3）四种方法的复杂度和 Gap 值对比分析。

在各自对应最优的离散精度下，四种方法的复杂度和 Gap 值信息见表 6.4.7。

表 6.4.7　　四种方法的复杂度和 Gap 值信息

方法		网格法 $K=14$，$L=12$	三角形法 $K=13$，$L=10$	一维法 $K=8$，$L=7$	矩形法 $K=7$，$L=3$
复杂度	时间/s	20.8	100.13	100.03	100.02
	占用内存/MB	11.28	113.37	490.34	20.05
Gap 绝对值		456.781	14334.9	1.66×10^{6}	57999.6
Gap 相对值/%		0.02	0.31	36.36	1.25

从上表信息可以看出在不同离散精度下，各方法的复杂度和取值效率都有了很大的改变。可见除了网格法，其他方法的所用时间都相差不大；内存的占用一维法最高，第二是三角形法，其他两个都较低；Gap 绝对值一维法最高，网格法最低；Gap 相对值一维法最高，网格法最低，可见最优值质量都很高。

相比于前面离散精度相同的情况下，除了一维法和矩形法的时间几乎没有改变，其他两个方法时间都增加了，三角形法增加最多，有 45.462s，网格法增加了十几秒；对于内存的占用一维法提升最高，有 448.4MB，其次是三角形法有 92.04MB，其他两个没有很大提高，矩形法的 Gap 绝对值有了很大的变化，相比之前降低了很多，优化程度也有极大提高，相反，三角形法的 Gap 绝对值略有提高，其他两个变化略微；Gap 相对值变化最大的也是矩形法，比之前降低了 178.73%，值的优化度可以说是垂直提高，其他方法都是略微提升。

总的来说，所有方法的整体复杂度都有所提高，所得结果的优化程度也有很大改善。再次说明，找到合适的离散精度是极其重要的，对实际调度效率有很大帮助。

（4）四种方法运行时包含的量。

四种方法运行时包含的引入变量、非零项和线性约束的数量见表 6.4.8。

表 6.4.8　四种方法运行时的引入变量、非零项和线性约束的数量

方法	网格法	三角形法	一维法	矩形法
引入变量	47742	75390	5190	4326
非零项	216	216	216	216
线性约束	10608	29832	6288	8880

从上表信息来看，在取各自最优的离散精度运行时引入变量最多的是三角形法，最低的是矩形法；线性约束最多的也是三角形法，最低的是一维法；非零项都一样。整体来看，三角形法是复杂度最高的，其次是网格法，再次是矩形法，最后是一维法。

相较于离散精度相同的情况下，复杂度提高最多的是三角形法，总体约束数量增加了 65664 个；其次是网格法，总体增加了 33480 个；一维法不变；矩形法减少了 13608 个，同时它的精度随之提升了很多。

总之，在各自最优的离散精度下，四种方法的变量和约束都有了不同程度的变化。相同的是它们的结果都更加精确，在实际运用中能够发挥更好的作用。对约束变量的研究不单是分析算法的复杂度，更有助于我们对算法模型的优化，以便提高模型的运行效率。

6.5　本　章　小　结

本节中对赣江流域的梯级水电进行了中长期优化调度实验和分析，实验中选取了万安水电站为主要研究对象。实验分为四种方法的离散精度相同和不同两个部分，分别对初始结果、四种精度优化结果、方法的复杂度、取值的精度和运行时约束变量的数量进行了详细的对比分析。

实验发现，各方法都能够给出不错的调度结果，DSP 误差修正能够发挥很好的作用，高精度的修正能给出更优的值。当然，DSP 误差修正只是辅助，要想取得最优调度结果关键是要取各方法的最优离散精度，矩形法就是最好的例子。

对于模型的复杂度及实验来看，各算法运行所需的时间和占用的内存并不算高，在如今的硬件设备条件下都能满足调度要求。对于取值精度来说，实验中属一维法相对误差略高，其他方法最后都能达到很高的精度。总之，实验结果符合期待值，所有方法都能发挥较好的作用。

参　考　文　献

[1]　高立克，陈绍南，秦丽文，等. 基于混合整数非线性方法的配网可靠性规划 [J]. 高

压电器. 2022, 58 (9): 182-189, 196.
[2] 黄成忱. 互联网+时代下基于混合整数规划方法的两阶段供应商选择模型 [J]. 南方农机. 2018, 49 (22): 131-132.
[3] 张侃, 习鹏, 梁新, 等. 基于 ε-EGA 多准则调整的舰船维修资源配置决策方法与应用 [J]. 运筹与管理. 2023, 32 (2): 53-60.
[4] 黄明, 张莎莎, 洪春雷, 等. 分组密码复杂线性层可分性传播的 MILP 刻画方法 [J/OL]. 软件学报: 1-13 [2023-08-07].
[5] 刘帅, 关杰, 胡斌, 等. 基于混合整数线性规划的 MORUS 初始化阶段的差分分析 [J]. 电子与信息学报. 2023, 45 (7): 2537-2545.
[6] 翁毅选, 马伟哲, 齐晖, 等. 基于混合整数线性规划的气电联合循环系统经济调度 [J]. 机械与电子. 2023, 41 (5): 24-27, 32.

第 7 章

赣江梯级水电中长期优化调度

7.1 逐步优化（POA）算法和求解步骤

7.1.1 逐步优化算法

作为 DP 的一种演绎，POA 可以将复杂的多阶段的问题分解成多个两阶段的问题逐步迭代求解，这些分解后的两阶段问题之间通过系统的状态相互连接，而每个两阶段问题仅考虑相邻两个时间段的目标值，从而显著降低了计算过程中的内存占用量，在一定程度上缓解了 DP 面临的“维数灾”问题。对于任一水库系统，可以设定其状态方程为

$$C_{i+1}=h_i(C_i,R_i) \tag{7.1.1}$$

式中：C_i 和 R_i 分别为第 i 时刻的状态值和决策变量；h_i 为第 i 时刻迭代函数。

目标函数（总发电量）为

$$G=\mathrm{Max}\sum_{i=1}^{N}l_i(C_i,R_i) \tag{7.1.2}$$

式中：l_i 为第 i 时刻的效益值，本章指代发电量。由式（7.1.1）得

$$R_i=h_i^{-1}(C_i,C_{i+1})=f_i(C_i,C_{i+1}) \tag{7.1.3}$$

代入式（7.1.2）得

$$\begin{cases}G=\mathrm{Max}\sum\limits_{i=1}^{N}l'_i(C_i,C_{i+1})\\ l'_i(C_i,C_{i+1})=l_i(C_i,C_i)\end{cases} \tag{7.1.4}$$

将式（7.1.4）展开：

$$G=\text{Max}[l'_1(C_1,C_2)+l'_2(C_2,C_3)+\cdots+l'_N(C_N,C_{N+1})],(i=1,2,\cdots,N) \quad (7.1.5)$$

设某系统满足出力、水位、出库流量等约束条件的初始轨迹为 C_{10}，C_{20}，…，C_{N+10} 代入式（7.1.5）得

$$G=\text{Max}[l_1^0(C_1^0,C_2^0)+l'_2(C_2^0,C_3^0)+\cdots+l'_N(C_N^0,C_{N+1}^0)]=G^0 \quad (7.1.6)$$

POA 法的原理如图 7.1.1 所示，求解过程如下。

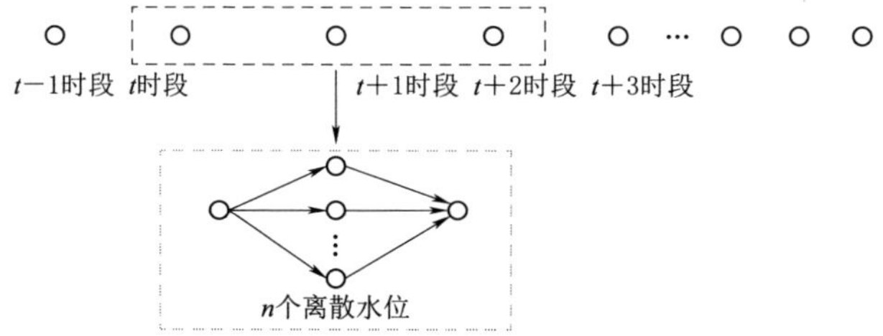

图 7.1.1　逐步优化算法原理

设 $C_i=C_{i0}$，$i=1$，3，4，…，$N+1$，$i\neq 2$，则 $C_i=R_i$，$i=1$，3，4，…，$N+1$，$i\neq 2$。

$$G=\text{Max}[l_1^0(C_1^0,C_2)+l'_2(C_2,C_3^0)+\cdots+l'_N(C_N^0,C_{N+1}^0)]$$

要使目标函数效益最大，因此求解 C_2 的最优决策等价于：

$$G^{12}=\text{Max}[l'_1(C_1^0,C_2)+l'_2(C_2,C_3^0)] \quad (7.1.7)$$

根据式（7.1.7），目标函数最优时 C_2 则是最优状态值，当 C_2 的最优值 C_{i10} 计算出来后，将该值作为初始值，同样的对于 C_2 求解两时刻问题时：

$$G^{13}=\text{Max}[l'_2(C_2^{10},C_3)+l'_3(C_3,C_4^0)] \quad (7.1.8)$$

重复上述步骤。对第 n 个子问题有

$$G^{jn}=\text{Max}[l'_{n-1}(C_{n-1}^{k0},C_n)+l'_n(C_n,C_{n+1}^{k-10})],(n=2,\cdots,N) \quad (7.1.9)$$

上式中 k 为迭代次数，经过从 $n=2$ 到 N 的计算为完成一次迭代。经过第一次迭代后，每一个状态值都被赋予了改进后的新值，改进值作为下一次迭代的起点继续迭代计算，直到相邻的两次迭代所得最大变化值符合精度要求，即判定已经达到收敛。

以上是 POA 算法的计算过程，在一般较为简单的工程计算问题中收敛于整体最优值，但在有约束条件或目标函数没有凸性的情况下容易陷于局部最优值。

7.1.2 调度模型求解

第 1 步。设定电站数量、时段数、水位上下限、出库流量上下限等基本特征参数，以旬为计算时段的调度期，并用 T 表示。

第 2 步。初始化水位和出库流量过程线，在处理多约束、多变量调度问题时，合理的初始轨迹对于算法的性能至关重要。初始轨迹不仅影响算法是否能够找到全局最优解，还影响算法的收敛速度。

第 3 步。根据梯级水电站自上游到下游的顺序，对每一级电站寻优。保持前后时刻水位不变（第 0 时刻和第 2 时刻的水位 $Z_{i,0}$ 和 $Z_{i,2}$），优化当前时刻水位和出库流量（调整第 1 时刻的水位 $Z_{i,1}$，其为状态变量，各电站的出库流量 $Q_{i,0}$ 和 $Q_{i,1}$ 为决策变量），逐次逼近，优化目标是最大化第 T 和第 $T+1$ 时段的发电量，约束条件包括水位上下限、出库流量上下限等。经优化计算后，得到各水库第 1 时刻的最优水位 $Z'_{i,1}$ 及对应的决策变量 $Q'_{i,0}$ 和 $Q'_{i,1}$。各水库的水位变为 $Z_{i,0}$，$Z'_{i,1}$，$Z_{i,2}$，…，$Z_{i,T}$，同时，决策变量的序列也更新为 $Q'_{i,0}$，$Q'_{i,1}$，$Q'_{i,2}$，…，$Q'_{i,T}$。

第 4 步。通过迭代计算，不断更新决策变量的值，以寻找满足约束条件且使目标函数达到最优的解，继续对各级水电站的下一时刻进行寻优。在此过程中，同理保持前后时刻水位不变（第 1 时刻和第 3 时刻的水位 $Z'_{i,1}$ 和 $Z_{i,3}$），而调整第 2 时刻的水位 $Z_{i,2}$，以最大化第 $T+1$ 和第 $T+2$ 两个时段的发电量为优化目标。经过优化计算，得到各水库第 2 时刻的最优水位 $Z_{i,2}$ 和对应的决策变量 $Q'_{i,1}$ 和 $Q'_{i,2}$。各水库的水位更新为 $Z'_{i,0}$，$Z'_{i,1}$，$Z'_{i,2}$，$Z'_{i,3}$，…，$Z'_{i,T}$，同时，决策变量的序列也更新为 $Q'_{i,0}$，$Q'_{i,1}$，$Q'_{i,2}$，$Q'_{i,3}$，…，$Q'_{i,T}$。

第 5 步。重复第 4 步，直到每一级电站均完成寻优，得到在给定初始条件和约束条件下，各时段梯级水库的水位、出力、出库流量、发电量。将前一次迭代得到的水库过程线作为新的初始轨迹，持续重复第 2 步，直至相邻两次迭代求得的发电量增量符合预先设定的精度要求为止（判断算法是否收敛到最优解或达到预设的迭代次数）。

联合调度求解流程如图 7.1.2 所示。

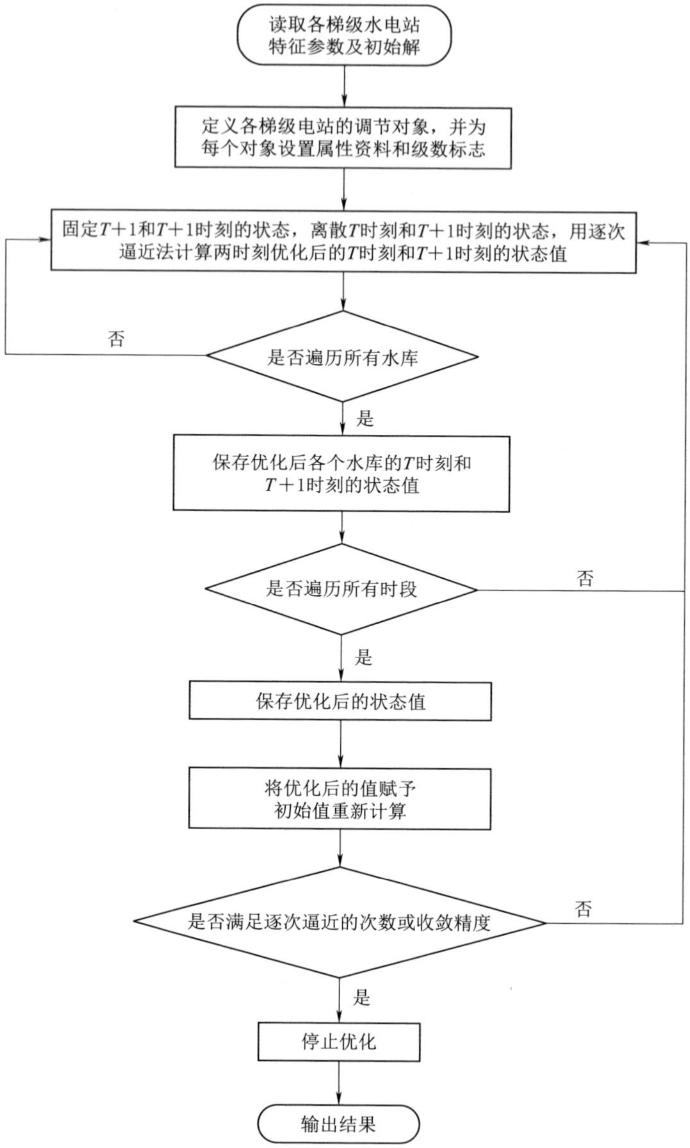

图 7.1.2 联合调度求解流程图

7.2 优化调度方案

7.2.1 联合优化调度

万安到龙头山六级电站联合优化调度，以万安到龙头山六级电站的总发电量最大为目标，进行整个梯级的联合优化调度。各梯级电站发电量见表 7.2.1。

表 7.2.1　各梯级电站发电量

时段	发电量/(MW·h)					
	万安	安泰	石虎塘	峡江	新干	龙头山
1月上旬	15192.1	6702.23	6612.78	11105.7	5529.91	9799.88
1月中旬	9438.73	5043.15	4772.54	9422.08	5000.42	9872.09
1月下旬	10420.1	5547.46	5327.01	12464.7	6561.64	12107
2月上旬	36462.6	14517.6	14580.9	33076	17261.2	30964.1
2月中旬	44326.7	16601.1	16945.6	38312.1	19645.9	35245.7
2月下旬	62510.5	19381.2	20549.7	48844.3	21504	41427.8
3月上旬	32410.4	12714.2	12924.2	28908.2	15194.9	27367.4
3月中旬	49353	19055.5	18479.8	35769.5	18173.8	31277.6
3月下旬	40736.4	20819	20846.8	47671.4	25237.5	44541.4
4月上旬	32540.5	17816.5	18060.2	35733.7	20792.6	37242.4
4月中旬	16333.8	10106.9	10519.7	18572.4	11233.5	20155.5
4月下旬	35085.4	20495.4	20563.1	42100.5	24003.2	43510.2
5月上旬	32799	17916.5	18223.2	36024.8	20597.5	37742.6
5月中旬	51162.6	23894.1	25398.9	51845.3	26879.8	51070.4
5月下旬	79854.9	35115.2	31680	73710.7	29565.2	59626.1
6月上旬	77128.3	31924.8	28800	68453.5	25983	52018.8
6月中旬	112580	19714.8	13332	38455.3	0	1720.32
6月下旬	130448	30265.4	28221.5	74230.5	19110.6	41093.8
7月上旬	97585.5	27011.1	28800	65155.1	26879.8	58676.3
7月中旬	48384.7	17576.3	17842.9	37197.5	20554	36836.5
7月下旬	35549.5	13946.8	14182.4	28883.5	16676.8	30036.9
8月上旬	27943.5	10912.2	11490.8	23119.6	13394.6	24327.6
8月中旬	19351.9	8086.51	8416.54	16694.6	9732.78	17892.2
8月下旬	12230.9	5961.41	5677.62	11128	6484.02	12158
9月上旬	10758.2	5280.83	5007.8	9810.59	5714.82	10727.6
9月中旬	10160.7	5043.15	4741.3	9262.98	5381.72	10113.2
9月下旬	18238.5	7722.77	7611.78	9902.87	5421.54	9927.81
10月上旬	12075	6028.65	5650.56	10651	5501.02	9927.81
10月中旬	12047.2	6298.66	5910.29	10801.6	5570.45	9927.81
10月下旬	9547.37	5769.86	5275.03	11515.3	6115.53	10920.6
11月上旬	7661.19	5043.15	4628.51	8765.33	4917.57	9799.88

续表

时段	发电量/(MW·h)					
	万安	安泰	石虎塘	峡江	新干	龙头山
11月中旬	7154.1	5043.15	4808.37	10101.5	5280.67	9732.51
11月下旬	7070.8	5294.63	5806.01	16638.3	9257.81	18115.1
12月上旬	24752.3	10339.4	11183.1	26547.4	14039.5	25815.7
12月中旬	13929	6425.36	6317.56	13792.5	7251.4	13487.1
12月下旬	15258.9	6918.13	6918.76	15040.3	7976.94	14841.2

各梯级电站出库流量及水位变化过程如图7.2.1所示，各旬出力变化过程如图7.2.2所示，六月中旬发电量急剧减少的原因是因为雨季需要考虑下游防

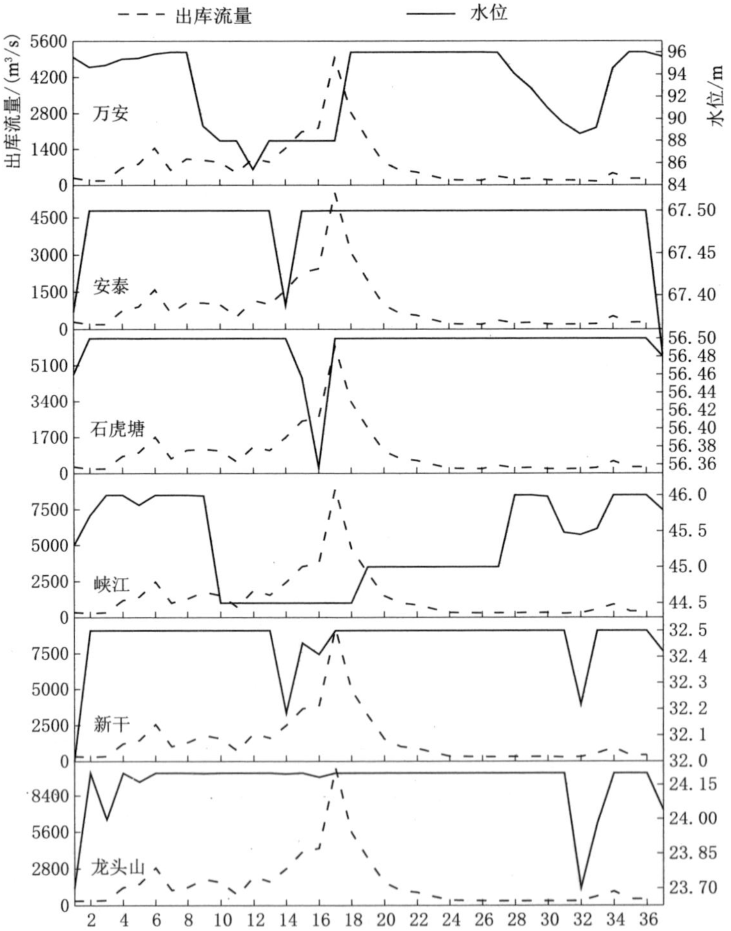

图7.2.1 各梯级电站出库流量及水位变化过程曲线

护区的安全，泄洪导致水库水位下降，从而降低了水头，水头降低会进一步影响水力发电站的发电效率（水位差减小会导致水流速度减慢，减少了涡轮的转动力，从而降低了发电机的输出功率），出力受阻，发电量减少。新干不发电的原因是考虑泄洪的影响，水流压力急剧增大，超过水轮机的承受能力，为保障水电站的安全运行而选择不发电。

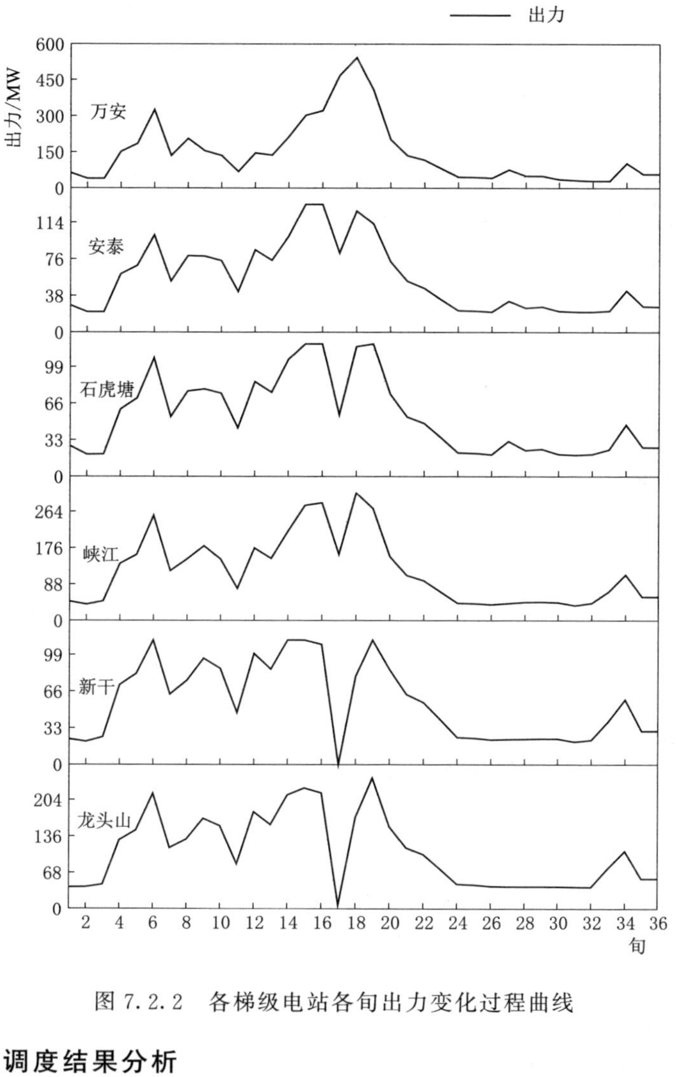

图 7.2.2 各梯级电站各旬出力变化过程曲线

7.2.2 优化调度结果分析

与 2022 年实际发电量相比，除新干以外，万安、安泰、石虎塘、峡江、龙头山发电量均有提升，梯级电站 2022 年发电量提升了 5.09 亿 kW·h，增幅为 14.5%，具体见表 7.2.2。

表 7.2.2　与 2022 年实际发电量比较　单位：亿 kW・h

项目	万安	安泰	石虎塘	峡江	新干	龙头山	梯级
实际	10.58	4.16	4.31	8.87	5.09	7.72	40.73
POA	12.58	4.86	4.76	10.39	4.84	9.20	46.63

万安水电站：在 2022 年实际发电量为 10.58 亿 kW・h，优化后发电量提升至 12.58 亿 kW・h，增长了约 1.99 亿 kW・h。

安泰水电站：实际发电量为 4.16 亿 kW・h，优化后发电量达到 4.86 亿 kW・h，增长了约 0.7 亿 kW・h。

石虎塘水电站：实际发电量为 4.31 亿 kW・h，优化后发电量提升至 4.76 亿 kW・h，增长了约 0.45 亿 kW・h。

峡江水电站：实际发电量为 8.87 亿 kW・h，优化后发电量增加到 10.39 亿 kW・h，增长了约 1.52 亿 kW・h。

新干水电站：实际发电量为 5.09 亿 kW・h，优化后发电量变化为 4.84 亿 kW・h，略有下降，约减少了 0.25 亿 kW・h。

龙头山水电站：实际发电量为 7.72 亿 kW・h，经过优化后发电量达到 9.20 亿 kW・h，增长了约 1.48 亿 kW・h。

梯级总发电量：2022 年实际总发电量为 40.73 亿 kW・h，而优化后总发电量提升至 46.63 亿 kW・h，整体增长了约 5.9 亿 kW・h。

除了新干水电站外，其他水电站经优化后，发电量均有所增长。联合调度在大多数情况下能够有效地提升水电站的发电量，但因为某些特定的运行条件或约束，导致个别水电站的发电量出现下降。总体来说，优化调度对于提升整个梯级水电站的发电量具有明显的效果。

各水电站优化前后水头变化关系曲线如图 7.2.3 所示。由图 7.2.3（a）可以看出，万安水电站虽然优化后全年平均水头与 2022 年实际运行情况提升较小，但在汛期优化后水头明显提升，流量更大，极大增加了汛期的发电效益；由图 7.2.3（b）可以看出，优化后安泰水电站汛期水头略有降低，但非汛期水头提升较大，而全年平均水头优化前后基本相同，因此发电量提升较小；由图 7.2.3（c）可以看出，石虎塘水电站优化前后全年水头变化有所波动，全年平均水头基本相同，但汛期水头有所提升，增加了一定发电量。由图 7.2.3（d）明显可以看出，峡江水电站优化后几乎全年水头均有所提升，尤其后汛期以后水头提升较为显著，图 7.2.3（f）龙头山水电站情况类似，但后者优化后全年水头增值更大，这也说明了梯级电站当中，对于下游水库而言，可以充分利用上游水库库容大小的差异，通过优化调度大幅增加了发电量；图 7.2.3（e）中

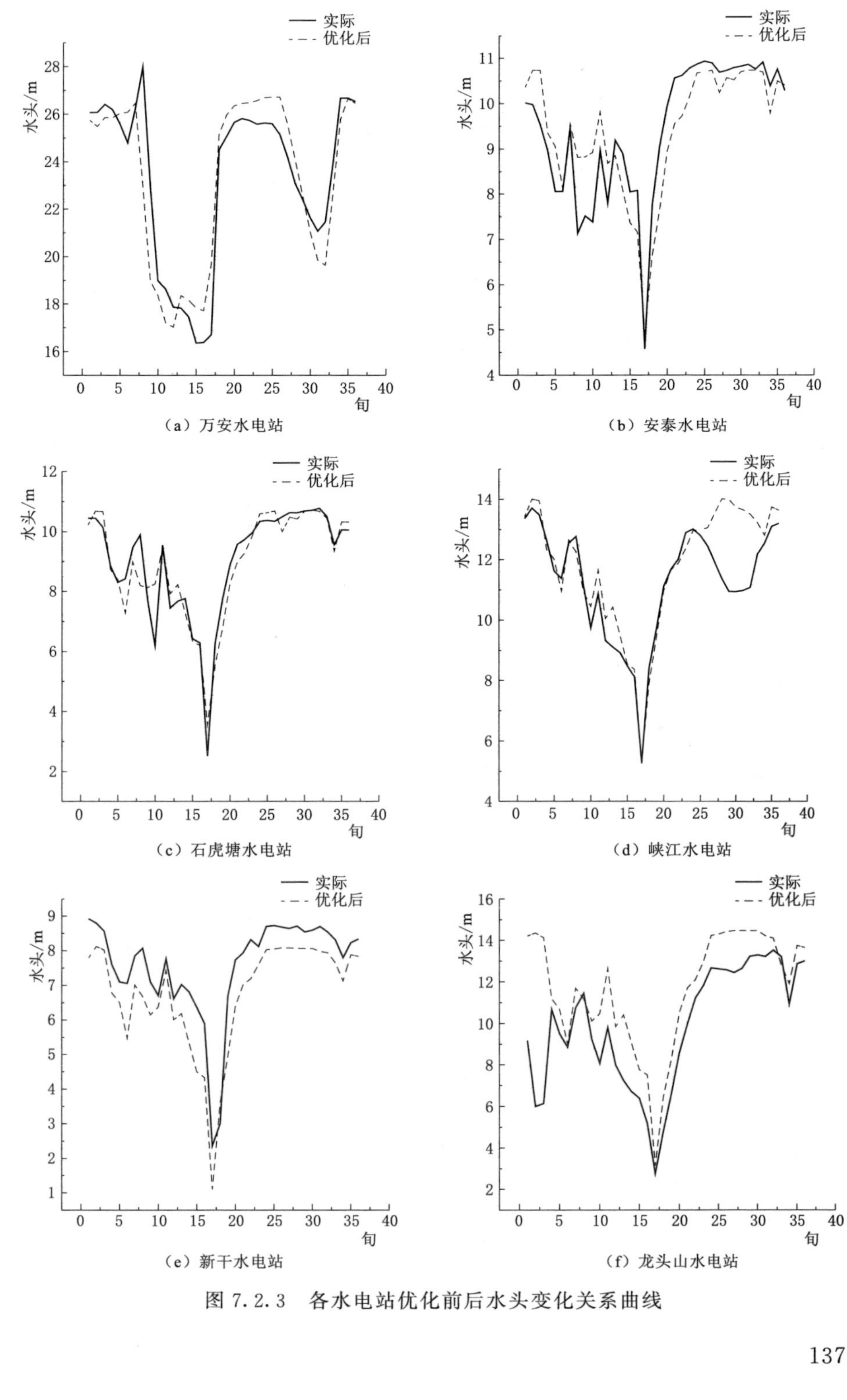

（a）万安水电站　（b）安泰水电站

（c）石虎塘水电站　（d）峡江水电站

（e）新干水电站　（f）龙头山水电站

图 7.2.3　各水电站优化前后水头变化关系曲线

即使新干水电站优化后全年水头有所降低，发电量减少，但其水库库容较小，总装机容量又是梯级当中最小，在赣江梯级电站当中占比不大，整体来看梯级发电量增加是合理的。

7.3 本 章 小 结

本章介绍了逐步优化算法，建立了以发电量最大为最优准则的梯级水电站中长期联合优化调度的模型，并采用逐步优化算法，针对梯级水电站联合运行的复杂模型进行求解。随后，对优化调度方案的计算结果进行了细致的效益分析，得出了梯级联合调度的运行结果，能够显著提升梯级发电的经济效益，进而极大地增强了水能资源的利用效率，研究有助于更好地理解赣江梯级水电站的运行规律。